新时代纪法实务丛书

高校系统违纪违法行为认定与处理

GAOXIAO XITONG WEIJI WEIFA XINGWEI RENDING YU CHULI

许 展 樊军龙 ■ 编写

中国方正出版社

出版说明

党的二十大报告强调，教育是国之大计、党之大计，必须始终将办好人民满意的教育作为重要政治任务，进一步加强师德师风建设，培养高素质教师队伍。习近平总书记指出，“要加强师德师风建设，坚持教书和育人相统一，坚持言传和身教相统一，坚持潜心问道和关注社会相统一，坚持学术自由和学术规范相统一”。高校作为培养社会主义建设者和接班人的重要阵地，培育清正廉洁的价值理念、筑牢拒腐防变的思想防线、践行崇德向善的行为规范，是深入推进全面从严治党，落实立德树人根本任务的应有之义。从执纪监督情况看，高校系统违纪违法行为涉及面广、社会关注度高，必须高度重视、严肃查处。

本书坚持问题导向，梳理了近年来高校系统典型违纪违法案件，通过“典型案例”“案例评析”“需要注意的问题”等内容，明确高校系统违纪违法行为特点，梳理了廉洁风险点，揭示了行为危害性，挖掘了案例的警示教育意义。其中，“典型案例”中收录的案例均精选自办案实践，具有较强典型性和代表性；“案例评析”部分围绕针对涉案相关行为性质认定的不同观点，结合《中国共产党纪律处分条例》《中华人民共和国公职人员政务处分法》《事业单位工作人员处分规定》等规定，对高校系统常见的违纪违法行为作出详细分析，明晰相关行为认定思路和处置程序；“需要注意的问题”对行为具体表现形式、取证思路、错与非错及此错与彼错界限以及违纪违法行为涉及的教育领域专业知识等进行延伸探讨。本书既是纪检监察干部执纪执法的工具参考，又可作为高校教职工警示教育和普及纪法的学习素材。

由于水平和时间有限，书中错误和疏漏之处在所难免，敬请读者批评指正。

编　者

2024 年 3 月

目　录

01
反对和违背党的四项基本原则教学行为

【典型案例】

苏某，中共党员，某大学副教授，因其幽默风趣、知识丰富，颇受学生敬重和欢迎。在课堂教学中，苏某经常言语出格，多次调侃、讽刺甚至歪曲党的领导，声称西方体制才是“民主灯塔”，“社会主义和共产主义只是口号”。

【案例评析】

关于苏某上述行为的定性，主要有以下两种意见：

第一种意见认为，苏某作为教师，课堂教学不同于在社会发表，且多具有调侃性质，不宜作违纪认定，鉴于其言论不当，可给予批评教育。

第二种意见认为，苏某在教学中的上述言行违背党的四项基本原则，应当依据《纪律处分条例》第五十一条第一款第（一）项（公开发表违背四项基本原则言行等）和《事业单位工作人员处分规定》第十六条第一款第（一）项（散布有损宪法权威、中国共产党领导和国家声誉的言论的行为）等规定予以处理。

我们同意第二种意见。

高校课堂是意识形态前沿阵地。高校教师在日常的教学生活中，必须严格遵守党的四项基本原则，在教学中始终保持高度的政治敏感性，旗帜鲜明讲政治，与党中央保持高度一致。高校教师无论出于何种动机，都不能违背包括党的四项基本原则在内的基本路线、方针、政策。《纪律处分条例》第五十一条规定，通过网络、广播、电视、报刊、传单、书籍等，或者利用讲座、论坛、报告会、座谈会等方式，公开发表违背四项基本原则，违背、歪曲党的改革开放决策，或者其他有严重政治问题的文章、演说、宣言、声明等，情节较轻的，给予警告或者严重警告处分；情节较重的，给予撤销党内职务或者留党察看处分；情节严重的，给予开除党籍处分。该规定为规范高校教师教学活动的政治立场和方向，划出一条不能逾越的政治红线。党的领导是四项基本原则之一，本案例中，苏某身为中共党员和教师，拥护党的领导、遵守宪法规定，是基本的政治品格和应尽职责，但他为活跃课堂氛围，在课堂上调侃、讽刺党的领导，毫无政治底线，无论从言论的公开程度看，还是从言论的具体内容看，都符合前述第五十一条列举的违背四项基本原则言行，构成公开发表违背四项基本原则行为。

青少年是祖国的未来，也是共产主义事业薪火相传的中坚力量。教师不能只做传授书本知识的教书匠，而要成为塑造学生品格、品行、品位的“大先生”，其一言一行都给学生以极大影响，因此更应该时刻注意并约束自己的言行，引导学生树立政治方向、端正“三观”。高校是对青年进行思想政治教育的重要平台，也是防止国外反动势力企图渗透广大青年思想、争夺意识形态控制权的前沿阵地。《中华人民共和国教育法》（以下简称《教育法》）第六条第二款规定，国家在受教育者中进行爱国主义、集体主义、中国特色社会主义的教育，进行理想、道德、纪律、法治、国防和民族团结的教育。历史教训一再告诫我们，教师存在违背四项基本原则言行，必然扰乱青年学生思想、影响其行动，甚至受人蛊惑后出现扰乱社会秩序、企图颠覆国家政权等违法犯罪行为。所以，对本案例中类似言行必须高度警惕、及时处理，不能等闲视之。

【需要注意的问题】

☞ 反对和违背党的四项基本原则教学行为具体表现情形

四项基本原则是我国宪法规定的立国之本，高校教师在教学活动中，必须严格遵守宪法法律规定，依法治教、爱党爱国。所以，无论是否是党员，都必须增强“四个意识”、坚定“四个自信”、做到“两个维护”，这是教学活动和业外活动的根本政治要求，也是首要的职业道德和规范。实践中，高校教职工反对和违背四项基本原则的言行主要包括以下情形：

1. 反对和违背党的领导。党的领导是历史和人民的正确选择，拥护党的领导是每一个中国人应尽的职责。在个别高校教师中有的非议党的领导，公然鼓吹西方资产阶级自由化思想，期望党丧失执政地位；有的以调侃为名，行讽刺之实，如本案例中苏某声称“社会主义和共产主义只是口号”；有的以学术研究和针砭时弊为名，影射、攻击党的领导。2023 年 2 月，中共中央办公厅、国务院办公厅印发《关于加强新时代法学教育和法学理论研究的意见》重申，要坚定不移走中国特色社会主义法治道路，坚持党的领导、人民当家作主、依法治国有机统一，引导广大法学院校师生和法学理论工作者在原则问题和大是大非面前旗帜鲜明、立场坚定，坚决反对和抵制错误观点。

2. 反对和违背社会主义道路。以公有制为主体是社会主义特征的重要体现，有的鼓吹资本主义私有制，否定公有制。

3. 反对和违背人民民主专政。主要表现在攻击、反对人民代表大会、政协等基本政治制度。

4. 反对和违背马列主义、毛泽东思想、邓小平理论、“三个代表”重要思想、科学发展观和习近平新时代中国特色社会主义思想。

需要注意的是，上述违纪违法行为呈现出相互交织的特点，难以截然区分。比如，违背党的领导言行与违背马列主义等党的指导思想言行往往具有内在一致性，反对党的领导往往可具体表现为反对党的指导思想。遇到此类情形，可以客观写实形式表述和归纳。此外，上述言论不仅在课堂教学、科研指导、业务交流中可认定为违纪，在社交软件及自媒体中传播、点评违规涉政言论，也可按情节、影响等后果给予处理。

☞ 关于取证思路

一方面，调取相关人员陈述、证言等材料。其中，要注意固定教师相关言行主观动机、具体内容，相关学生等听众评价、感觉，是否造成媒体关注、舆情炒作等后果。在采取多媒体技术开展的教学活动，应当调取视频音频等电子数据，交由相关教师、学生确认后作为证据使用。另一方面，对实践中存在的“高级红、低级黑”言行，如表面上拥护、歌颂党的领导，实际上歪曲、诋毁党的形象等行为，需要坚持实质把握标准，从行为动机、日常经验、师生评价、产生后果等综合判断。此外，建议关注相关人员行为动机，有的出于个人私怨、发泄不满，有的出于政治目的，有的为标新立异等，上述动机可能对情节或处理结果产生一定影响，但均不影响行为的定性。

☞ 把握错与非错界限

在办理高校系统涉及政治纪律案件时，对于是否会影响教职工教学积极性和学术自由顾虑，我们认为，教学科研和学术研究并非法外之域，必须有纪法边界，学术自由不是违规违纪的理由。宽松软的管理治理环境只会扰乱教职工思想，影响教研和学术研究工作。对错误言行依规依纪处理，不但不会影响教学工作，反而是规范教学活动、保障学术自由的重要保障。

具有批评性质正常的言论和学术自由与违反教学纪律行为两者具有以下几个方面的区别：首先，从主观动机看，正常的批评性质言论，即便是言辞激烈甚至偏激，但主观动机均是正面和出于公心的；而违背党的四项基本原则的言行主观动机虽然各异，但均是具有否定甚至反对党执政地位的基础的具体目的。其次，从行为表现看，正常的批评言行大多坦荡公开，没有遮掩或要求隐瞒的表现；而违背党的四项基本原则言行大多遮遮掩掩，有的披上个人建议、出于公心批评、学术研究或学术自由等外衣，有的一再表示“仅限于这个场合，不能外传”。最后，从政治影响看，违背党的四项基本原则的言行会产生不良政治后果，大多会扰乱学生思想，而批评性质言行不会。实践中，对出于批评目的的无心之过，一般不宜给予纪律处分，可给予批评教育等措施。此外，对一些不当言论是否违背四项基本原则，纪检监察机关把握不准的，可征求宣传部门意见。同时，为防止违背四项基本原则讲课内容等问题发生，纪检监察机关可发挥以案治本功能，建议学校党委等部门加强监督管理，如建立违反政治纪律和规矩教学行为负面清单、教学课件课前审核和课后备案、随机督查等机制。

☞ 把握此错与彼错界限

与妄议、丑化等行为的区别。实践中，有的教师言论涉及妄议党中央大政方针，破坏党的集中统一，有的丑化党和国家形象、诋毁、污蔑党的国家领导人，依据《纪律处分条例》第五十一条第一款第（二）项、第（三）项构成违纪。违背四项基本原则行为与此类行为区别的关键在于，丑化党和国家形象、妄议党中央大政方针往往针对具体政策和特定对象，产生的后果也尚未达到违背“四项基本原则”后果。当然，如果是多次丑化党和国家形象，性质恶劣、后果严重，已经达到违背四项基本原则后果的，按本错误认定，且将丑化等行为作情节表述。值得注意的是，对非中共党员和非公职人员普通教师发表上述言论，有观点认为不构成违法。我们认为，上述言行违背宪法和法律规定，损害国家利益，《事业单位工作人员处分规定》第十六条第一款第（一）项、《事业单位人事管理条例》第二十八条第（一）项等规定均明确规定，事业单位工作人员损害国家声誉和利益可给予处分，故对上述“双非”人员仍可给予处分。

此外，在认定事实与适用条款时需要注意，违背与反对行为必须具有一定的公开性，需要面向特定或不特定群体，未造成不良影响等私下非议行为不宜作违纪违法认定，可采取批评教育、责令检查等措施。反对四项基本原则与违背四项基本原则言行，分别适用《纪律处分条例》第五十条第一款（公开发表坚持资产阶级自由化立场、反对四项基本原则，反对党的改革开放决策的文章、演说等言行）、第五十一条第一款第（一）项（公开发表违背四项基本原则行为等），需要区分反对与违背四项基本原则行为：反对主要针对全盘否定行为，如反对党的执政地位、攻击党的基本制度等；违背尚未达到全盘否定程度，如歪曲、污蔑等。

02
贯彻党的教育方针不到位行为

【典型案例】

黄某，中共党员，某学院党委书记。2022 年 1 月以来，黄某在担任学院党委书记期间，该院存在对习近平总书记关于教育强国等重要论述学习贯彻不够，未按要求组织党委委员和常委等理论中心组成员学习，对面向社会采购教材内容事先未进行审核，导致个别学科和教师使用存在严重意识形态问题教材开展教学。此外，学院对学生思想政治教育不够重视，存在思想政治课程设置未达标、思想政治课专职教师数量配备不够、该课程考试考核流于形式等突出问题，师生反映强烈，并造成不良政治影响。

【案例评析】

关于黄某对学院上述问题是否负有责任及具体何种责

任，主要有以下三种意见：

第一种意见认为，黄某对学院上述问题不承担纪法责任。学院上述问题有的是历史遗留问题，不宜追究黄某的责任。

第二种意见认为，黄某违反工作纪律。黄某身为学院党委书记，不正确履行党委领导下的校长负责制职责，对上述问题负主要领导责任。

第三种意见认为，黄某行为违反政治纪律，构成贯彻党的教育方针不到位行为。学院存在的上述问题均属于党中央确定的教育方针，事关教育政治方向、根本任务的落实，且已造成不良政治影响，依据《纪律处分条例》第五十六条第二款规定，应追究黄某的责任。

我们同意第三种意见。

党的教育方针，指党和国家在一定历史时期内为实现该时期的基本路线和基本任务，对教育工作所提出的总的指导方针。宪法第四十六条规定，中华人民共和国公民有受教育的权利和义务；《教育法》第五条、第六条规定，党的教育方针内容主要有：坚持教育为社会主义现代化建设服务、为人民服务，把立德树人作为教育的根本任务。全面实施素质教育，培养德智体美全面发展的社会主义建设者和接班人，努力办好人民满意的教育。《高等教育法》明确规定，高等教育必须贯彻国家的教育方针，为社会主义现代化建设服务、为人民服务，与生产劳动和社会实践相结合，使受教育者成为德、智、体、美等方面全面发展的社会主义建设者和接班人。贯彻党中央教育方针不到位等行为实质上是贯彻党中央教育方针不到位的负面清单。本案例中，黄某身为学院党委书记，系学院贯彻落实党中央教育方针的第一责任人，必须思想上高度重视党中央教育方针学习领会，不仅要通过党委中心组集体学习、专题教育、个人自学等方式加强学习，做到入脑入心，还应当结合学院实际抓好落实。黄某由于政治意识淡化和年近退休、进取心弱化等原因，定位不准、怠于履职，学院党的建设宽松软现象较为突出，不仅学习党中央教育方针不到位，个别师生还在意识形态方面出现诸多问题，在教材采购方面履行审核把关职责不够、在思想政治课程设置和人员配备方面重视不够，被巡视指出，在师生中造成不良影响。对此，黄某作为党建工作第一责任人，应负主要领导责任，可依据《纪律处分条例》第五十六条第二款规定，构成落实党中央决策部署不坚决，打折扣、搞变通行为。

【需要注意的问题】

☞ 贯彻党的教育方针不到位行为具体表现形式

实践中，贯彻党的教育方针不到位行为主要包括以下情形：

1. 学习贯彻习近平总书记关于教育重要论述精神不到位。如有的高校未制订学习计划、未按要求及时开展集体和个人学习；有的学习浮在表面，未按要求组织专门研讨、形成心得体会、结合实际调研等。

2. 推动高校思想政治教育工作不到位。思想政治课是落实立德树人根本任务的关键课程，关系到高等教育工作的政治立场和政治方向。习近平总书记强调，高校思想政治工作关系高校培养什么样的人、如何培养人以及为谁培养人这个根本问题。要坚持把立德树人作为中心环节，把思想政治工作贯穿教育教学全过程，实现全程育人、全方位育人。中共中央、国务院《关于加强和改进新形势下高校思想政治工作的意见》以及中宣部、教育部《普通高校思想政治理论课建设体系创新计划》，均对加强高校思想政治课提出了具体要求，相关高校落实不到位，可能构成违纪。

3. 推动教学资源公平合理配置不到位。推动教学资源合理配置事关教育公平，如有的高校违反《关于进一步规范高等教育招生计划管理工作的指导意见》，未严格执行高校招生专项计划；有的在教学管理中歧视外地生源；等等。

4. 教学管理中政绩观、发展观存在严重偏差。高校教育工作以立德树人为主要任务，但有的“重科研、轻教学”，未将资金、固定资产、师资等核心资源集中到服务师生、服务教学科研上来，大量投入到经商办企业上追求经济利益；有的学科设置和建设没有按要求服务国家重大战略。

5. 严重损害教职工利益行为。如有的地方绩效工资分配不均，甚至挪用、克扣、侵占一线教师绩效，引发教师群体上访，造成政治恶劣影响，等等。

☞ 关于取证思路

由于贯彻落实党的教育方针不到位等违纪违法行为大多属于宏观层面，实践中，此类行为通常属于“组合型”违纪违法，即通过多个具体行为，善于站在政治立场、政治方向及政治后果等角度评价给予宏观认定。此类行为取证思路主要有：一是明确此类行为违规点，善于从政治上看、政治上办，善于由表及里。二是聚焦“关键少数”。由于高校实行党委领导下的校长负责制，此类案件大多系问责案件。《高等教育法》第三十九条、第四十一条分别明确了党委和校长的职责。要善于从问责案件角度固定责任人的主观动机，核实是政治意识淡化还是一般的工作疏忽；核实问责事实与责任人职责之间的因果关系，注重厘清各责任主体的责任及大小。如本案例中需要核实校长及其他班子成员是否需要承担责任，还要注重调取履职不到位的证据材料及政治生态等方面的原因。三是把握危害结果要件。依据《纪律处分条例》第五十六条第二款规定，本违纪违法行为以“在政治上造成不良影响或者严重后果”为要件，主要指相关行为引发群众等对党的教育方针的负面评价，进而损害党的形象，或者造成严重舆情、群体性事件、影响学校声誉等其他严重后果。

☞ 与违反工作纪律行为的区别

违反工作纪律行为大多属于一般不正确履职行为，未“在政治上造成不良影响或者严重后果”。由于贯彻落实党的教育方针不到位属于违反政治纪律行为，实践中既要强化政治敏锐性和政治鉴别力，也要防止将上述具体表现情形中未造成严重不良影响或后果的行为硬性拔高为违反政治纪律。此外，对非管理岗的高校教职工来说，如给予高校内部、教育主管部门内部处分的，应依据《事业单位工作人员处分规定》第十六条第一款第（三）项（拒不执行或者变相不执行中国共产党和国家的路线方针政策、重大决策部署）处理。

03
高校党政班子成员不团结行为

【典型案例】

陈某，中共党员，某学院党委书记，曾长期在省直机关工作，2022 年 1 月交流提任该学院党委书记。孔某，中共党员，2023 年 1 月任该学院院长。

2023 年 1 月，陈某与孔某搭班子后，两人因性格迥异、工作理念不同逐渐产生较多矛盾，孔某多次拒绝参加学院党委会，两人多次在相关会议上进行无原则或带有个人私怨的争论甚至争吵，导致该学院不少决策事项被搁置。该学院不少干部职工选边站队，互不买账、相互拆台，严重损害学院政治生态，省委巡视组要求该学院立即整改。2024 年 1 月，陈某、孔某先后被交流调整。

【案例评析】

关于陈某、孔某上述行为的定性，主要有以下三种意见：

第一种意见认为，陈某、孔某的行为均不构成违纪。两人的矛盾系工作层面，主要原因在于性格差异及工作理念、方式方法不同，不涉及原则问题，故不宜认定为违纪。

第二种意见认为，陈某、孔某的行为违反工作纪律。陈某、孔某均系学院主要负责同志，不正确履行组织赋予的管理职责，影响了学院相关工作的开展，应当认定为违纪。

第三种意见认为，陈某、孔某的行为违反政治纪律，可视具体表现情形，给予警告直至开除党籍处分。比如，构成团团伙伙行为的，应当依据《纪律处分条例》第五十四条处理；搞山头主义的，依据《纪律处分条例》第五十六条第一款规定处理等。

我们同意第三种意见。

高校的发展离不开班子的团结。高校党政领导班子成员同属党的领导，由于班子成员职责、经历、性格、工作方式等不同，偶尔出现摩擦甚至争论可以理解。但长期闹无原则的纠纷，甚至拉帮结派、团团伙伙，不仅影响班子团结，还可能破坏高校生态，进而对高校事业发展产生严重影响。本案例中，陈某、孔某系学院党政主要负责人，置学院健康发展大局于不顾，而是出于自身利益考量，争权夺利、党同伐异。从陈某、孔某等人行为表现看，党政主要负责人带头互相攻击，班子成员和中层干部主动或被迫参与，最终导致学院内部派系林立、内耗不止，实际上形成了较为稳定的多个利益集团，具有“一荣俱荣、一损俱损”团团伙伙特征，政治生态严重恶化。从学院发展情况看，也因此错过了数次发展机会。最终，陈某、孔某被纪律处分，并被调整岗位。

【需要注意的问题】

☞ 高校党政班子成员不团结行为具体表现情形

实践中，高校党政班子成员不团结行为主要包括以下情形：

1. 推诿扯皮、议而不决。如本案例中，因陈某与孔某两位党政主要领导干部不团结，学院重大事项和日常管理等工作或久拖不决或互相扯皮，严重影响学院事业健康发展。

2. 管理混乱、职责不清。虽然中共中央办公厅印发的《关于坚持和完善普通高等学校党委领导下的校长负责制的实施意见》对党委书记和校长职责有较为具体的规定，但从具体执行和各学校实际等层面看，如何落实仍需党政领导明晰职责、加强协作配合。实践中，有的高校因党政班子成员不团结，内部管理较为混乱，各部门职责交叉、边界不清。

3. 团团伙伙、山头林立。党委书记和校长各自为政甚至关系紧张，必然导致拉帮结派、团团伙伙现象，如本案例中的学院出现选边站队现象，导致山头林立、内耗不止。

综上，党政班子成员不团结行为严重损害高校党员干部形象和干事创业积极性，破坏教育事业发展环境、严重污染学校政治生态。

☞ 关于取证思路

在取证时，要善于从微观和宏观两个层面把握取证的方向和重点。从微观层面看，对涉及具体事项的例子，如相关议题多次上会久托不决、校长无故拒不参加党委会等，应当调取会议纪要、记录、相关事项推进情况等材料予以证实。从宏观层面看，无论是未及时组织党委会学习，还是推诿扯皮、争吵不休等问题，都反映出政治意识淡化、政治站位不高等问题，在笔录中或调取中心组学习材料、议题等证实党建和政治建设方面是否存在不到位问题，透过现象把握具体行为的本质。此外，已造成不良影响的，要注重调取舆情反应、信访举报、群体性事件等材料予以印证。

实践中，高校班子成员不团结是一种现象，可能涉及多种违纪行为，应当把握行为本质，根据具体表现情形定性：涉及团团伙伙、结党营私、拉帮结派、政治攀附、培植个人势力等非组织活动的，依据《纪律处分条例》第五十四条处理；对党员领导干部自行其是，搞山头主义等，依据《纪律处分条例》第五十六条处理；涉及不履行全面从严治党主体责任、监督责任不力等，依据《纪律处分条例》第七十四条处理；关系不和，虽未出现上述第一种至第三种情形，但造成不良影响或者严重后果的，鉴于违反清清爽爽同事关系和和谐共事等优良传统，依据《纪律处分条例》第七十六条处理；对未造成不良政治影响等后果行为，根据具体表现情形和后果，可认定为违反组织纪律（如违反议事规则等行为）或工作纪律（不正确履职等行为）。上述行为构成想象竞合的，择重处理。此外，对非管理岗的高校教职工来说，如给予高校内部、教育主管部门内部处分的，应依据《事业单位工作人员处分规定》第十六条第一款第（四）项（参加非法组织、非法活动的）处理。

☞ 把握错与非错界限

班子成员职责不同、性格各异，长期共事交往，出现工作分歧甚至冲突在所难免，对出于公心或者因性格差异、沟通不够、性格急躁等原因，导致党政主要领导干部不团结的，如时间较短、未造成不良政治影响或后果的，不宜认定为违纪。根据干部管理权限，主管部门主要从思想教育、理顺关系等方面入手化解矛盾、凝心聚力。

04

落实全面从严治党主体责任不力行为

【典型案例】

陈某，中共党员，某省属学院党委书记。2016 年 9 月以来，陈某先后担任该学院校长、党委书记。因临近退休，陈某秉持“与人为善”理念，对学院很多决策采取“不出事”“不管事”原则开展工作，学院因此党建乏力、管理混乱，主要表现在“三会一课”制度长期虚设，多名校领导和中层干部因违纪违法和职务犯罪被处理。巡视还发现，该学院纪委多年未办理违纪案件，在陈某的授意下，纪委对可查性较强的线索或草草了结，或暂存待查。

【案例评析】

关于陈某对学院上述状况是否应负相应责任，主要有以下三种意见：

第一种意见认为，陈某的行为不构成违纪违法。该学院发生的一系列问题，虽有管理上不到位的原因，但多人违纪违法更多是相关行为人自身原因，故难以追究陈某违纪违法责任。

第二种意见认为，陈某违反工作纪律。陈某身为高校党委书记，正是由于其不正确履职行为，才导致学院乱象丛生，有必要对其问责。

第三种意见认为，陈某所谓的“与人为善”理念导致学院管党治党宽松软现象十分突出，本质上是学院党委班子尤其是其作为党委主要负责人，怠于履行全面从严治党主体责任人和党委书记第一责任人责任，多人因违纪违法被查处，严重损害学院事业发展和政治生态，应当依据《纪律处分条例》第七十四条（履行全面从严治党不力）追究陈某纪律责任。

我们同意第三种意见。

“在其位，谋其事，负其责，尽其事。”高校是党领导下立德树人的重要前沿阵地。高校党委和领导班子成员应当各司其职、各负其责，坚决扛起全面从严治党政治责任。本案例中，陈某是学院党委书记，如在法律和政策范围内“与人为善”，帮助解决教职工困难，以体现组织对教职工的关心，则无可厚非。但陈某在管党治党领域“与人为善”，实质上是“好人主义”懒政行为。学院管党治党宽松软，导致多人被追究纪律和法律责任，主要原因在于陈某无视管党治党第一责任人的职责要求，在日常管理中不敢管、不真管，对苗头性倾向性问题不排查、不指出，对已经触犯党纪国法行为不查处、不反思，符合《中国共产党问责条例》（以下简称《问责条例》）第七条第（六）项“党的纪律建设抓得不严，维护党的政治纪律、组织纪律、廉洁纪律、群众纪律、工作纪律、生活纪律不力，导致违规违纪行为多发，造成恶劣影响的”等规定的追责问责情形，系落实全面从严治党责任不力行为。陈某作为党委书记，系该校全面从严治党第一责任人，责任意识弱化，履职不力，应予问责。

实践中，对“给党组织造成严重损害或者严重不良影响的”行为，根据行为的具体表现情形，可给予违反工作纪律、组织纪律等认定。此外，由于本违纪行为属于组合型行为，即将多种表现形式归纳认定为某一种违纪违法行为，在定性时应当体现系统和宏观思维，既不能放纵，该认定的不认定，也不能硬性拔高。需要说明的是，如对党组织问责的，一般对相应具体责任人问责。本案例中，如对学院党委问责，可给予检查、通报等问责措施的，应同时对党委相关班子成员问责，如党委主要负责人和分管某项工作的领导，均可认定为主要领导责任。

【需要注意的问题】

☞ 高校党组织落实全面从严治党主体责任不力行为具体表现形式

实践中，高校党组织落实全面从严治党主体责任不力行为主要包括以下情形：

1. 政治意识淡化，党的领导弱化。有的学校党委在学校各级党组织和部门中未发挥总揽全局、协调各方的领导作用，党建工作未按要求开展，如本案例中，该学院党建工作乏力，党内政治生活和党组织活动不正常，未履行党建工作主体责任和第一责任人责任，有的还存在伪造“三会一课”材料应付检查等情形。

2. 落实意识形态工作责任制不力。高校立德树人的职责决定意识形态工作在高校工作中具有特殊性和极端重要性。个别学校党委思想重视不够、工作措施陈旧，以“学术自由”为借口，纵容个别师生传播资产阶级自由化思想。

3. 违纪违法问题多发易发。领导干部尤其是“一把手”要“在其位、谋其政”。如本案例中因陈某身为党委书记，却“不管事”，导致该学院内部管理失控，“靠校吃校”等廉洁风险滋生蔓延，多名党员干部违纪违法受到处理，反映出党委及其成员尤其陈某作为党委书记未能把全面从严治党责任放在心上、扛在肩上，应当予以问责追责。

4. 不重视纪律建设，领导、支持纪检监察部门监督执纪执法工作不力。中共中央办公厅《党委（党组）落实全面从严治党主体责任规定》第六条第（九）项规定，党委要落实党风廉政建设主体责任，深入推进反腐败斗争，一体推进不敢腐、不能腐、不想腐，巩固发展反腐败斗争压倒性胜利；根据第（十）项规定，党委要领导、支持和监督学校纪委及各级基层组织等落实全面从严治党主体责任，形成全面从严治党整体合力。实践中，个别学校党委有案不查、有案不办，导致学校政治生态不断恶化。

5. 选人用人问题突出，未发挥选人用人“风向标”作用。如有的贯彻新时代党的组织路线不力，任人唯亲，选人用人满意度较低，干部群众反映强烈。

此外，对非管理岗的高校教职工来说，如给予高校内部、教育主管部门内部处分的，依据《事业单位工作人员处分规定》第十六条第一款处理。其中，对拒不执行等行为，依据该条第一款第（三）项（拒不执行或者变相不执行中国共产党和国家的路线方针政策、重大决策部署）定性处理；贯彻执行不力的，依据该条第一款第（八）项（其他违反政治纪律的行为）定性处理。

☞ 关于取证思路

取证时，要注重调取行为人履职情况的材料，既要调取应当履职而未履职的证据，如证实未见应当按规定动作完成的党建材料，证明其不作为情况；也要调取乱作为等材料，如要求纪检监察机关不核查线索，可调取相关笔录、批示、讲话等材料。特别需要注意的是，由于《纪律处分条例》第七十四条将“给党组织造成严重损害或者严重不良影响的”作为违纪构成要素，故在调取相关证据时注意调取能够证明严重损害或者严重不良影响的证据材料。如本案例中，可调取多人的刑事裁判文书、舆情反映、群众评价等材料。

☞ 关于办理程序

由于本违纪行为主要是追究领导责任，应当依据问责案件办理流程进行办理。问责案件的程序主要依据《问责条例》第九条至第十一条规定，其中需给予党纪政务处分的，还应依据《中国共产党纪律检查机关监督执纪工作规则》《监察机关监督执法工作规定》等相关规定。

1. 立案。对比较复杂的问责事由，如立案时因事实尚未查清、责任不明，问责对象一时还难以确定的，以同级党委主要负责人或上级单位领导批示作为立案依据，进行以事立案。待查清主要问责事实后，确定具体问责对象，再根据管理权限报批，但不必再办理立案呈批手续，避免重复立案。实践中存在确定问责对象后未报批的情形。

2. 成立调查组，查清问责事实。要查明党组织、党员领导干部失职失责问题，综合考虑主客观因素，正确区分执行不当、执行不力、不执行等不同情况。对涉及不同层级问责对象的案件，有以下三种办理模式：一是“上查上处”。由问责对象中最高级别党组织（党员干部）对应的有管辖权的纪检机关（以下简称上级纪委）一并审查审理，对所有的问责对象一并作出问责决定。对本案例中的学院来说，由于属于正厅级党组织，应当由省纪委监委组织问责调查程序，对包括党委书记在内的全部问责对象均可作出问责决定。二是“上查下处”。由上级纪委审查审理，形成处理意见后，再根据管理权限，将下级党组织管理的问责对象涉及的问责事实以纪委办公室（厅）名义发函交给下级纪检机关，可明确处理意见，由其根据处理意见作出问责决定。如本案例中需要对学院管理的处级等中层干部问责的，省纪委监委查清事实后，交学院党委按程序作出问责决定。三是“上下联动”。上级和下级纪检机关分别立案查处，加强沟通、统筹推进，再分别作出问责决定。

3. 调查组撰写事实材料，与调查对象见面，听取其陈述和申辩，并记录在案。调查对象应当在事实材料上签署意见，对签署不同意见或者拒不签署意见的，调查组应作出说明或者注明情况。需要说明的是，只要存在问责事实的，即便拟给予第一种形态或免予问责，也应进行事实见面。

4. 形成调查报告。调查工作结束后，调查组应当集体讨论，形成调查报告，列明调查对象基本情况、调查依据、调查过程、问责事实、调查对象的态度认识及其申辩、处理意见以及依据，由调查组全体成员签名后履行审批手续。

5. 移送审理。对拟给予纪律处分的问责案件，将卷宗和调查报告、事实见面等材料，经委主要领导审批后移送审理。审理程序参照自办违纪违法案件。

6. 由有管理权限的党组织作出问责决定。对同级党委直接领导的党组织，纪委和党的工作机关报经同级党委或者其主要负责人批准，可采取检查、通报方式进行问责。对同级党委管理的领导干部，纪委和党的工作机关报经同级党委或者其主要负责人批准，可以采取通报、诫勉方式进行问责；提出组织调整或者组织处理的建议。采取纪律处分方式问责的，按照党章和有关党内法规规定的权限、程序执行。需要说明的是，问责案件往往涉及多个问责主体，如何作出处理意见，实践中主要有以下几种做法：

一是由负责调查和审理的纪委监委作出一份总的问责决定，类似司法机关作出的一案多人的裁判文书，主要结构为：问责简况、问责事由、问责对象和责任分析、处理依据和处理意见。其中，对决定给予党纪政务处分的问责对象，无论问责对象是本级党委管理的干部还是下级党组织管理的干部，一律由负责审理的纪委监委另行一并制发纪律处分决定。

二是根据党员干部管理权限分别作出问责决定。该做法没有统一的问责决定，需要根据处理结果制作多份处理决定。其中，对属于本级党委管理的党员干部，负责审理的纪委监委按程序作出问责决定。属于下级党组织管理的党员干部，将审理报告认定的问责事实和责任认定及处理档次建议通报下级党组织按程序作出问责决定。需要说明的是，对“上查下处”的问责案件，即由上级纪委监委统一办理立案、调查、审理的问责案件，下级不需再履行立案、调查程序，根据上级查清的事实，履行征求意见、审议、报批等程序后作出问责决定。对上下级分别审查调查或联合审查调查的案件，或者上级将问责事实作为线索移交的，下级仍要履行调查、审理、报批等程序后才能作出问责决定。

7. 问责决定的执行。及时向被问责党组织、被问责领导干部及其所在党组织宣布问责决定，并督促执行。有关问责情况应当向纪委和组织部门通报，纪委应当将问责决定材料归入问责对象廉政档案，组织部门应当将问责决定归入被问责对象的人事档案，并报上一级组织部门备案；涉及组织处理的，相应手续应当在 1 个月内办理完毕。问责对象应向作出问责决定的党组织写出书面检讨，并在民主生活会等会议上作出深刻检查。

05

利用教学等活动在校园传教行为

【典型案例】

吴某，中共党员，某高校教师。吴某长期信仰某宗教，多次被党组织批评教育。吴某入职该高校后，多次利用课堂教学、论文辅导、社团活动等机会，以“宗教信仰、劝人向善”等理由，在公共场合向广大师生传教，编发宗教教义等材料，并定期组织某教“聚会”“洗礼”等活动，多名学生信教，造成不良影响。

【案例评析】

关于吴某上述传教行为的定性，主要有以下三种意见：

第一种意见认为，吴某的行为不构成违纪违法。吴某作为中共党员不得信仰宗教，可对其信仰宗教行为本身给予处理，吴某在学校内引导党外师生信仰宗教行为未破坏校园秩序，难以认定违纪违法。

第二种意见认为，吴某违反工作纪律。吴某身为高校教师，主要职责是开展教学和科研活动，但其利用教学职责宣传宗教信仰，系不正确履职行为，应当予以纪律处分。

第三种意见认为，吴某行为违反政治纪律，构成违反党和国家宗教政策的行为。校园传教活动违反《教育法》《宗教事务条例》《普通高等学校学生管理规定》等相关规定，应当依据《纪律处分条例》第六十八条第四款规定（有其他违反党和国家宗教政策的行为）给予相应党纪处分。

我们同意第三种意见。

《教育法》第八条第二款规定，国家实行教育与宗教相分离。任何组织和个人不得利用宗教进行妨碍国家教育制度的活动。《宗教事务条例》第七十条第二款规定，禁止在宗教院校以外的学校及其他教育机构传教，故在高校传教违反国家法律法规。本案例中，吴某身为党员，应当是坚定的马克思主义战士、彻底的无神论者，但其不但理想信念迷失而信仰宗教，还利用教师身份和教学活动传教，背离了教师的职业道德，违反《教育法》和国家宗教政策等相关要求，扰乱广大师生思想，破坏高校正常教学秩序，应予严肃处理。吴某辩称自己和参加宗教活动的学生符合宪法规定的“宗教信仰自由”。而实际上，“宗教信仰自由”既包括信仰宗教的自由，也包括不信仰宗教的自由，高校并非宗教场所，在校园内利用教学职责违规传播教义，具有灌输宗教思想色彩，恰恰违背了宗教信仰自由。

从定性处理角度看，对信仰宗教的党员同时存在非法传教行为的，处理时相对较为复杂，因为党员单纯信仰宗教行为虽构成违纪，但并非一律给予党纪处分，实践中应区分具体情况予以处理。依据《纪律处分条例》第六十九条规定，对信仰宗教的党员，应当加强思想教育，要求其限期改正；经党组织帮助教育仍没有转变的，应当劝其退党；劝而不退的，予以除名；参与利用宗教搞煽动活动的，才构成违纪，给予开除党籍处分。如本案例中，吴某身为党员在校园内传教，对传教行为，可依据《纪律处分条例》第六十八条第四款规定（有其他违反党和国家宗教政策的行为）根据情节轻重，给予警告直至开除党籍处分，并根据“轻轻重重”原则，决定是否需要给予政务或人事处分。如给予开除党籍处分，对吴某信教行为可作为事实客观描述，不再给予相应处理。在给予吴某开除党籍之外的党纪等处分后对其信仰宗教行为，如吴某仍坚持信仰宗教，可劝其退党或给予除名。此外，对组织、利用宗教活动反对党的路线、方针、政策和决议，破坏民族团结的，应当依据《纪律处分条例》第六十八条第一款至第三款规定处理。此外，对非管理岗的高校教职工来说，如给予高校内部、教育主管部门内部处分的，依据《事业单位工作人员处分规定》第十六条第一款第（五）项（利用宗教活动破坏民族团结和社会稳定的；挑拨、破坏民族关系，或者参加民族分裂活动）处理。

【需要注意的问题】

☞ 利用教学等活动在校园传教行为主要表现形式

《普通高等学校学生管理规定》第四十三条强调，任何组织和个人不得在学校进行宗教活动，即便是注册登记的合法教会等宗教组织以及宗教人士也不得在校园进行各种形式的传教活动。实践中，校园传教行为主要包括以下表现形式：

1. 利用教学工作传教。如本案例中，吴某在教学中向广大师生宣传某宗教的教义教规等名义引导学生信仰某教。

2. 以社团活动形式传教。有的以学生会等社团活动形式印发宗教材料、播放宗教视频，宣传宗教思想。

3. 在校园发放传单、广告活页等方式宣传宗教思想。

4. 在校园组织宗教仪式，成立宗教组织、设立宗教场所等。

5. 在宗教节日时，以参加音乐会、歌舞会、舞台剧等活动形式邀请青年学生参加，宣传宗教思想文化。

6. 以勤工俭学、资助困难学生、赞助校园活动等形式许以物质、经济、就业等利益，宣传、引导学生信仰宗教。

7. 其他方式。如通过微信群等形式开展宗教活动。

☞ 关于取证思路

在取证时，要核实行为人宣传宗教思想的具体动机，调取参与学生的证言、群众评价等证言，并固定发放的传单、带有宗教思想的课件、讲课稿等书证。需要指出的是，在校园传教行为本身属于违纪违法行为，即使行为人自身信教合法合规，基于教义或落实宗教组织要求在校园宣传宗教，没有动摇马克思主义思想在高校意识形态的主观故意的，也不影响事实认定。当然，如传教时间较短、影响不大的，可以思想教育为主，给予批评教育、责令检查等第一种形态处理措施。

☞ 把握错与非错界限

对自身信仰宗教的党外教师，在教学和校园生活等，偶尔或自然流露出宗教言行的，主观上没有传教故意，客观上未产生不良影响的，如信仰某宗教人员偶尔念佛经、信仰宗教人士按宗教习惯表述“某某保佑”等宗教语言，系其宗教信仰习惯的自然流露，本着宗教信仰自由，不宜作违纪认定。

☞ 与类似行为的区别

一是与组织、参加迷信活动行为的区别。这里所说的宗教活动系正常宗教仪式等，而迷信活动主要是落后封建思想的外在表现，没有具体的教义教规，活动比较松散且不固定。对在校园内组织迷信活动等，应当依据《纪律处分条例》第七十条处理。二是与组织宣传邪教行为的区别。邪教并非合法的宗教，而是披着宗教外衣的非法组织，如“法轮功”“全能神”等，对此类行为应当依据《纪律处分条例》第六十六条（组织、参加会道门或者邪教组织）处理。

06

结交政治骗子行为

【典型案例】

宋某，中共党员，某学院党委书记。2024 年 1 月，省纪委监委对宋某有关问题线索进行外围核查。宋某内心惊慌不已，经熟人介绍认识了自称大领导秘书的蔡某，宋某慌不择路地请托蔡某疏通“关系”，企图“摆平”组织调查，后被骗巨额财物。同时，蔡某利用宋某的信任，请托宋某利用职权帮助蔡某的“朋友”承揽了学院多个项目，并帮助“朋友”子女调整专业、调入学院就读。经查，蔡某口中的“朋友”均系中间人介绍，通过上述帮忙行为收受他人巨额财物。蔡某系诈骗惯犯，曾被公安机关以诈骗罪判处刑罚。

【案例评析】

关于宋某上述行为的定性，主要有三种意见：

第一种意见认为，宋某结交政治骗子行为不构成违纪。宋某的结交行为未造成不良影响，情节相对轻微，不宜作违纪评价。

第二种意见认为，宋某的行为构成对抗组织审查。宋某请托蔡某疏通“关系”，主观上是为了逃避组织惩处，客观上实施了请托所谓疏通“关系”的对抗行为，应当依据《纪律处分条例》第六十三条第（五）项规定，认定为其他对抗组织审查行为。

第三种意见认为，宋某虽有对抗组织审查的企图，但客观上与蔡某等人没有串供、伪造证据等行为，属于犯意表示，实际上蔡某也未提供、也不可能提供任何帮助，对审查调查工作产生不了任何影响，不宜认定为对抗组织审查等违纪行为。鉴于宋某结交政治骗子被骗，应当依据《纪律处分条例》第五十五条处理。

我们同意第三种意见。

本文所称的政治骗子，主要包括虚构本人身份；冒充领导干部身份；冒充系领导干部的配偶、子女等亲属、朋友及身边工作人员等密切关系；冒充或虚构专家、学者、

“大师”；其他通过冒充、虚构方式，诱使他人具有特殊背景和身份。党员干部结交政治骗子危害是多方面的。一是反映不良政治品行。结交政治骗子行为大多出于不当的政治和组织利益考虑，反映出相关党员干部利令智昏、权欲熏心、钻营投机等政治品格。二是严重损害党员干部形象。一些领导干部对政治骗子百般讨好、奉若上宾。事情败露后，沦为群众茶余饭后的谈资，对党员干部整体形象产生不可估量的损害。三是破坏政治生态。政治骗子混迹之地大多系政治生态较差之所。从查处的案件看，有的党员干部为迎合政治骗子不惜以权谋私，形成利益集团，挫伤党员干部干事创业的积极性。本案例中，宋某得知组织在外围核查自己的问题，本应主动交代问题，却期望通过“旁门左道”逢凶化吉，被政治骗子骗取巨额财物。宋某结交政治骗子，表面上看可以认定为对抗组织审查行为，但实际上蔡某根本无法为宋某“摆平案件”，客观上无法达到对抗效果，属于手段不能犯的未遂，鉴于《纪律处分条例》未明确违纪行为未遂处理标准，所以不宜认定为对抗组织审查。2023 年《纪律处分条例》新增第五十五条，将党员结交政治骗子行为纳入纪律惩戒范畴，具有很强的针对性。

此外，对非管理岗的高校教职工来说，如给予高校内部、教育主管部门内部处分的，应依据《事业单位工作人员处分规定》第十六条第一款第（八）项（其他违反政治纪律的行为）处理。

【需要注意的问题】

☞ 关注动机，准确把握结交政治骗子具体表现

实践中，结交政治骗子主要有以下几种目的：

一是搭上“天线”、加官晋爵。有的领导干部官迷心窍，不安心本职工作，一贯走捷径、抄近路，信奉“朝中有人好做官”，企图通过政治骗子的“背景能量”等“特殊资源”跑官要官，为自己的职务提拔、岗位调整铺平道路。

二是疏通关系、对抗审查。有的干部长期违纪违法，在面临败露前，不思主动交代问题寻求从宽处理，反而慌不择路、执迷不悟地寻找所谓的能人向有关领导说情打招呼，企图逃避惩罚。

三是长期交往、相互勾连。有的党员干部与政治骗子交往没有明确的短期目的，主要是从长期投资看，希望“多个朋友多条路”，双方交往密切，形成了利益集团。

四是谋求其他目的。有的为谋求荣誉表彰、宣传造势

等政治资本；有的为了解决家人就业问题；有的为了满足自己结交权贵身边人的畸形虚荣心。

综上，主观上，党员干部结交政治骗子行为大多出于获得组织人事利益、对抗审查、捞取政治资本等不良动机；客观上，党员干部实施了讨好、输送利益、帮助解决问题等具体行为。

在具体表现上，《纪律处分条例》第五十五条明确了两种具体情形：一是结交政治骗子。包括利用公权公款公物或自己的财产、资源讨好、满足政治骗子或特定关系人利益。二是被政治骗子利用。被政治骗子利用，主要指因政治骗子的行骗行为，行为人被骗取政治利益、组织人事、荣誉、财物利益等利益。本违纪行为需区分情节轻重给予处分。综合结交的具体动机、时间、手段、是否造成不良影响等后果因素判断。需要注意的是，如党员充当政治骗子的，性质和影响比结交政治骗子行为更恶劣，最低需给予撤销党内职务处分。

☞ 关于对牵连行为的处理

一是领导干部未利用职权便利或影响结交，如多次自费宴请政治骗子或送礼的，此类行为可认定结交政治骗子。

二是结交的目的和具体方式分别构成不同的违纪行

为，如处分档次相当，为充分体现行为的政治属性，可仅认定为结交政治骗子行为。如党员干部安排公车长期为政治骗子提供服务，且政治骗子构成党员干部特定关系人的，依据《纪律处分条例》第一百零九条规定，同时构成为特定关系人谋求特殊待遇，鉴于该类行为“警告直至留党察看”的处分幅度，明显轻于结交政治骗子行为“警告直至开除党籍”处分幅度，依据《纪律处分条例》第二十五条“一个违纪行为同时触犯本条例两个以上条款的，依照处分较重的条款定性处理”等规定，宜认定为结交政治骗子行为。如处分档次相当，将其他违纪行为作为情节表述，如党员干部利用职权为政治骗子或其特定关系人承揽工程，根据全面充分评价原则，应将承揽工程等行为作为结交手段予以具体表述。

需要注意的是，本案例中如宋某的行为发生在 2024 年 1 月 1 日前且未连续到该时间点之后的，鉴于 2018 年《纪律处分条例》具体条款未将结交政治骗子行为认定为违纪，依据 2018 年《纪律处分条例》第六十九条处理，可认定为违反政治规矩行为。

☞ 全面取证，追缴利益

在取证时，要注意固定相关党员干部结交政治骗子行为是否具有投机钻营的动机，一般要求党员干部具有违规获得不正当的政治和组织人事利益等不良动机，如无这方面的动机，在招商引资、社会交往等工作生活中被骗不宜认定本违纪行为。核实政治骗子具体身份时应当调取行为人户籍、职业等真实的身份信息，必要时与被冒名的领导干部核实。对具有诈骗前科的政治骗子，要调取判决书、行政处罚决定书等书证印证。此外，由于后果影响是判断情节轻重的重要因素，因此要注意调取结交政治骗子具体手段、所在地区（单位）干部群众评价、舆情反映、考核情况等材料，综合判断是否造成不良政治影响、严重后果及大小。

实践中，在严肃查处结交政治骗子党员干部的同时，也要严厉惩治构成违纪违法或犯罪的政治骗子，及时追缴政治骗子通过领导干部职权所获的财产、荣誉等不当利益，释放从严查处的强烈信号。

07
违规招聘入职行为

【典型案例】

孙某，中共党员，某大学党委常委、副校长，分管组织人事工作。2019 年 1 月以来，学校根据人才招聘计划先后招聘、引进人才 60 多人。其中 12 人系学校职工的配偶、子女等亲属，大多不符合学校内部规定的入职关于 985 等知名高校、博士等基本条件。这些人大多以人才引进、量身打造招聘条件等“萝卜招聘”或有限范围内发布招聘公告、面试考官内部通气等形式入职。学校上述违规入职行为，被相关求职者向省委、省教育厅等部门投诉，造成一定负面影响。经查，上述招聘计划方案、条件等均由孙某提议或决定。

【案例评析】

关于孙某对学校违规招聘行为的定性，主要有以下两种意见：

第一种意见认为，孙某的行为不构成违纪违法。招聘条件都是各校根据实际情况自行把握，虽然学校内部有相关入职的基本条件，但只是内部掌握。由于高校人才需求多元化，其拿出个别岗位解决职工家属就业不影响就业公正，也是学术传承和稳定职工队伍建设需要，故不宜将学校上述招聘行为认定违规，孙某无需承担相应责任。

第二种意见认为，孙某的行为违反组织纪律。孙某身为分管人事工作的校领导，依据《纪律处分条例》第八十六条第一款规定，构成在干部、职工的录用工作中，利用职权或者职务上的影响违规为他人谋取利益错误。

我们同意第二种意见。

高校招聘是高校干部队伍和人才建设的基础性工作，招聘工作是否依法合规、公平公正，是关系到高校长远发展的大事。《事业单位公开招聘人员暂行规定》第二十八条规定，招聘工作要做到信息公开、过程公开、结果公开，接受社会及有关部门的监督。实践中，由于高校专业性较强，在人事招聘方面具有一定的自主性，但这种

“自主性”不是“自选权”，更不能成为“萝卜招聘”的借口。高校在招聘时，设定的招聘条件必须公正，招聘流程必须公开，主动接受主管部门、社会各界的监督。本案例中，孙某作为分管组织人事工作的校领导，不但不带头遵守事业单位工作人员招聘规定，反而毫无组织原则，在招聘条件、方式等方面搞变通、作选择，表面上具有帮助解决教职工亲属工作、稳定教职工队伍等“正当动机”，实际上是特权思想作祟，无视党的组织人事纪律，将学校作为解决特定群体就业、谋取人事利益的“私人领地”。上述行为造成恶劣影响，严重违背人事招聘工作的严肃性和公正性，孙某作为分管组织人事工作校领导，履职不力，对该校违规选人用人问题负主要领导责任和直接责任，违反组织纪律。此外，对非管理岗的高校教职工来说，如给予高校内部、教育主管部门内部处分的，应依据《事业单位工作人员处分规定》第十七条第（二）项（在事业单位选拔任用、公开招聘、考核、培训、回避、奖励、申诉、职称评审等人事管理工作中有违反组织人事纪律行为）处理。

根据《事业单位公开招聘违纪违规行为处理规定》等规定，针对部分违规招聘行为，事业单位主管部门或者事业单位人事综合管理部门应当责令限期改正。实践中，需要综合违规的具体性质、情节和后果，兼顾背景、效果、入职人员现实表现等要素选择整改方式，如对伪造材料、伪造成绩等弄虚作假行为，坚决按照程序予以清退、辞退、解聘等。对一般性违规行为，或者因违规情节相对较轻，如未按规定进行体检，可以通过补救等方式改正。需要注意的是，相关教职工在特定背景下被动接受安排工作，入职后表现较好，则不宜取消入职资格。此外，对违规入职问题易发多发单位，教育、人社等主管部门要加强监督管理，既要充分保障高校选人用人自主权，也要通过统一招聘、备案审核等方式保障招聘入职工作公开公正进行。纪检监察机关要全程监督，采取通报曝光等形式强化监督执纪力度。

【需要注意的问题】

☞ 违规招聘入职行为具体表现形式

高校作为事业单位，在入职招聘上需依据《事业单位人事管理条例》《事业单位公开招聘人员暂行规定》等规定执行，对相关违规行为应予处理。根据上述规定，高校违规招聘行为主要包括以下情形：

1. 招聘方案、条件等方面的违规情形。招聘单位在公开招聘中有下列行为之一的，事业单位主管部门或者事业单位人事综合管理部门应当责令限期改正；逾期不改正的，对直接负责的主管人员和其他直接责任人员依法给予处分：

一是未按规定权限和程序核准（备案）招聘方案，擅自组织公开招聘的。

二是设置与岗位无关的指向性或者限制性条件的，实践中主要表现为内定入职对象，在学历、毕业院校甚至性别等方面量身打造招聘条件，排除或缩小竞争范围。本案例就属于此类情形。

三是未按规定发布招聘公告的。对需要向社会公开招聘的干部职工，应当在有关媒体上发布招聘公告或者交由教育、人社等主管部门统一组织实施。

四是招聘公告发布后，擅自变更招聘程序、岗位条件、招聘人数、考试考察方式等的。

五是未按招聘条件进行资格审查的，或者资格审查不全面不细致，有的故意放松标准，让内定人员获得报考资格。

六是未按规定组织体检的。

七是未按规定公示拟聘用人员名单的，如有的未面向社会公示拟聘用人选，有的未进行公示等。

八是其他应当责令改正的违纪违规行为。

2. 招聘工作人员在招考笔试、面试等具体实施过程中的违规情形。招聘工作人员有下列行为之一的，由相关部门给予处分，并停止其继续参加当年及下一年度招聘工作：

一是擅自提前考试开始时间、推迟考试结束时间及缩短考试时间的。

二是擅自为应聘人员调换考场或者座位的。

三是未准确记录考场情况及违纪违规行为，并造成一定影响的。

四是未执行回避制度的。

五是其他一般违纪违规行为。

招聘工作人员有下列行为之一的，由相关部门给予处分，并将其调离招聘工作岗位，不得再从事招聘工作；构成滥用职权、玩忽职守、故意泄露国家秘密等犯罪的，依法追究刑事责任：

一是指使、纵容他人作弊，或者在考试、考察、体检过程中参与作弊的。

二是在保密期限内，泄露考试试题、面试评分要素等应当保密的信息的。

三是擅自更改考试评分标准或者不按评分标准进行评卷的。

四是监管不严，导致考场出现大面积作弊现象的。

五是玩忽职守，造成不良影响的。

六是其他严重违纪违规行为。

☞ 关于取证思路

根据具体的表现情形调取相关的证据。比如，对于“因人设岗”“萝卜招聘”行为，要核实主观动机，调取请托人的言证，核实是否存在不正当经济往来；详细了解学校此前类似招聘应当具备的基本条件、教育和人社等主管部门规定的关于报考者应当具备的学历、年龄、工作经历等条件，结合报考人数和最终录用人选等综合判断是否属于“萝卜招聘”。

☞ 把握错与非错界限

对工作不细致，但基本符合招聘流程和条件的工作瑕疵、特定背景下家属随迁、解决困难职工配偶工作以及紧缺高层次人才引进等，均不宜作违纪违法认定。本行为从违纪角度看，存在违反组织纪律和工作纪律交叉或竞合情形，鉴于违规招聘行为属于选人用人范畴，在一般情况下从凸显行为本质角度考虑，优先适用违反组织纪律条款，如无对应条款等难以认定为违反组织纪律的，可认定为违反工作纪律。

08
依法治校工作不到位行为

【典型案例】

2024 年 1 月，某省委向某大学党委反馈巡视情况。经巡视和后续立案审查调查，某大学在法治建设方面存在以下问题：一是在校领导分工方面，未明确分管法治的校领导；没有专门的机构负责法治工作，仅安排法学院一名教师担任法律顾问。二是法治宣传未常态化，未结合宪法日等开展法治宣传等工作。三是未建立学校权责清单，影响相关工作开展，职工代表大会决策等部分应当向社会公开的事项未公开。四是学校因截留困难学生补助引发部分学生在办公楼附近聚集要求返还，学校主要负责同志现场疏导处置不力，引发师生非议，造成严重不良影响。

【案例评析】

关于学校党委及班子成员对学校上述问题是否应负相应责任，主要有以下两种意见：

第一种意见认为，上述问题均属于工作层面不够规范问题，虽有不妥，但如追究学校党委及其成员纪法责任则过于苛责，容易挫伤工作积极性，建议不予问责。

第二种意见认为，学校的上述问题反映出学校党委领导班子及其成员法治意识弱化，依法治校工作不到位，可结合影响、后果等因素，区分情况认定为违反政治纪律或工作纪律等错误，对班子成员予以问责追责，如可给予校党委书记及分管法治工作的副校长等责任人员相应党纪处分。

我们同意第二种意见。

依法治校是依法治国在高校领域的具体体现。高校领导班子及其成员负有依法治校、推进法治校园建设的重要职责。本案例中，该大学法治建设不规范、工作措施不力、工作效果不佳，主要表现在领导分工、法治宣传不力、在处置群体性事件过程中相关言行违背法治精神等。上述问题的背后是法治意识不强、法治建设工作推进不力，校领导应负领导责任。如性质严重、情节恶劣，造成不良政治影响等严重后果的，由于依法治国属于党中央重要决策部署，依据《纪律处分条例》第五十六条第二款“贯彻党中央决策部署只表态不落实，或者落实党中央决策部署不坚决，打折扣、搞变通，在政治上造成不良影响或者严重后果的”，违反政治纪律。如尚未达到政治纪律程度，可依据《纪律处分条例》第一百三十条（工作中不负责任或者疏于管理，贯彻执行、检查督促落实上级决策部署不力）处理。就本案例来说，学校党委及校长等主要负责人一系列言行，反映出该校法治思维薄弱，未能将法治思维和方式贯彻到学校教学和管理等工作的全过程和各方面，被巡视指出，师生反映强烈，宜依据《纪律处分条例》第五十六条第二款予以处理。

高校依法治校工作不到位行为是一类行为，不宜“一刀切”定性，需要区分行为具体表现情形和后果等精准定性。具体而言，主要有以下几种性质：

1. 违反政治纪律和政治规矩行为。如落实习近平法治思想不到位（不按规定学习贯彻等；《纪律处分条例》第五十六条第二款）、不按规定向组织请示报告重大事项（发生突发事件未按要求报告并造成严重后果；《纪律处分条例》第六十一条）、落实全面从严治党“两个责任”不到位（法治意识淡化导致责任虚化；《纪律处分条例》

第七十四条)、违反党的优良传统和工作惯例行为（因法治意识淡化、方式不当导致产生政治影响的其他行为等；《纪律处分条例》第七十六条)。

2. 违反其他纪律行为。如违反组织纪律（违反法定的决策程序、拒不执行上级决定等，应依照《纪律处分条例》第七十七条至第七十九条规定处理)、如违反群众纪律（截留学生补助、摊派费用等，应依照《纪律处分条例》第一百二十二条规定处理)、如违反工作纪律（其他不正确履行依法治校的行为，应依照《纪律处分条例》第一百四十九条规定处理)。

此外，对非管理岗的高校教职工来说，如给予高校内部、教育主管部门内部处分的，依据违反党的纪律定性对应的内部处分分类定性。如违反组织要求的，应依据《事业单位工作人员处分规定》第十七条等规定处理。

3. 涉嫌滥用职权、玩忽职守等失职渎职犯罪的，依据刑法相应罪名处理。

【需要注意的问题】

☞ 依法治校工作不到位行为具体表现形式

依据《关于进一步加强高等学校法治工作的意见》

相关工作要求，依法治校工作不到位行为主要包括以下情形：

1. 从思想认识方面看。主要表现为领导班子和各级党组织等对高校法治工作重要性的认识不到位。有的长期未将学习贯彻法治精神作为党委会、中心组等重要任务，未能深入学习贯彻习近平法治思想和关于教育的重要论述。学校党委在以法治思维和法治方式引领、推动、保障学校改革与发展方面发挥作用不够明显。

2. 从明晰法治工作职责方面看。主要表现为未根据要求将党政主要负责人作为推进法治工作第一责任人的职责。学校党政主要负责人未切实履行依法治校组织者、推动者和实践者的职责，对学校章程制定实施、规章制度体系建设、法治工作机构和队伍建设、校内民主管理、学术治理等重要工作未能亲自部署、亲自协调、亲自推进。未将法治工作纳入学校发展规划和年度工作计划。学校党委全委会和常委会、校长办公会议（校务会议）没有定期听取关于法治工作的汇报，及时研究有关问题。如本案例中，学校没有指定一名校领导分管法治工作，也未明确法治工作机构职能定位和工作人员岗位职责。有的学校领导班子在年度考核述职中没有按要求围绕法治学习情况、重大事项依法决策情况、依法履职情况等进行述职。在考核时，学校党委未将依法治校、依法办学情况作为考核二级单位及其班子成员的重要指标。

3. 从制度建设方面看。主要表现包括以下四点：

一是未按要求构建系统完备的学校规章制度体系。比如，没有按规定推进学校章程的学习宣传和贯彻实施，未在学校网站显著位置公布章程，将章程纳入教职工入职、学生入学培训内容等；未遵循高等教育规律和法律保留原则，积极主动利用章程修订完善推进制度创新，做到重大改革于法有据、于章程有据；未建立校内规范性文件制定发布机制，明确起草、审查、决定、公布的程序，明确合法性审查的范围和具体办法；未对校内规范性文件进行定期清理，校务公开不够规范，校内规范性文件管理未按要求实现信息化和公开化，侵犯师生民主权利；等等。

二是学校法人治理结构不够完善。落实党委领导下的校长负责制为核心的学校领导体制和治理体系不到位不精准，推进决策、管理不够科学化、民主化、法治化。校党委全委会、党委常委会、校长办公会议（校务会议）等议事范围和议事规程不够具体科学。未建立学校权责清单，权责不清、运行不畅，未能做到制度科学、程序正当、过程公开、责任明确。未能发挥教职工代表大会制度、学生代表大会制度的作用，擅自改变或干涉职代会、学代会决定事项。

三是师生权益保护救济机制不健全。对教师、学生的处理、处分，未能坚持教育与惩戒相结合，没有遵循比例原则，处理、处分程序违规违法，有的未进行合法性审查，有的未建立或执行师生申诉的规则与程序。未建立健全校内权益救济制度，漠视师生合法权益，如本案例中截留学生补助款，引发学生上访聚集等事件。学校未根据法律法规和学校实际，研究制定法治工作考核标准和办法，加强对学校各部门的法治工作考核，考核结果作为对各部门综合考核的重要内容。学校法治工作情况没有作为年度工作的专项内容，向教职工代表大会进行报告。学校日常办学过程中发生的疑难、重大案件或可能引发重大影响、危害社会稳定的案件，未按要求进行及时总结经验、分析问题并将有关情况报送主管教育部门。

四是学校法律风险防控体系不够完善。如未严格执行合同管理制度，对二级学院等下属机构对外签署合同未发挥把关审查作用。在学校无形资产保护、校园安全、国际交流与合作、资产经营与处置、后勤管理与服务、基建工程、教学科研、人事管理等涉法事务管理方面履职不到位，法律风险防控不力，如未按要求梳理法律风险清单，明确处置办法。未完善工作流程，对涉及学校的诉讼、复议、仲裁等，维护学校合法权益应对不足、处理不当，造成损失等。

4. 从法治教育宣传和队伍建设等方面看。主要表现在未按要求开展以宪法教育为核心的法治教育，不重视普法工作，未将普法教育寓于学生培养全过程。未制定学校普法规划，推进国家普法规划和教育系统普法规划贯彻实施。校园法治文化建设开展不到位，有的未建立学校领导干部、全体教师学法制度，学校党委理论学习中心组未按要求安排以法治为主题的学习活动。在队伍建设方面。未设立专门机构负责法治工作，未按要求建立健全法律顾问制度。

需要说明的是，上述仅是从违规角度列举依法治校工作不到位的具体情形，并不表示这些行为均构成违纪违法或必须追究行为人的纪法责任，需综合考量行为性质、情节、后果、是一时的偶发还是长期存在的多发问题等因素，判断是否需要追究相关党组织及党员干部的纪法责任。对情节轻微、性质不重等一般性问题，如未按要求安排以法治为主题的学习活动等，可通过补充召开、督促整改、批评教育等方式予以处理。

☞ 关于取证思路

对本违纪行为的取证，要区分不同违规行为具体表现形式固定相关证据。比如，对学习贯彻习近平法治思想不到位问题，在注意强化主观动机，与班子成员谈话核实未开展学习教育等活动具体原因，调取相关会议议程及会议纪要等书证，证实未开展学习贯彻活动具体情况。对产生不良政治影响或严重后果的事实，如本案例中产生了学生群体性事件问题，要核实并调取事件发生的原因即截留学生补助款证据材料、公安出警经过、现场处置情况及舆情反应、师生评价等材料。

09
编造、散布虚假信息行为

【典型案例】

孔某，中共党员，某大学讲师。孔某系刚入职不久的年轻教师，因教学经验不够丰富导致学生测评的课程满意度测评较低。孔某为改变此状况，编造虚假信息，在教学和课程交流微信群中多次发布。比如，多次编造感染流行疾病会导致心脏病、肿瘤等严重后遗症；多次散布学校个别领导所谓“政治背景”信息；编造教材中某位知名学者私生活混乱不堪等信息。上述信息严重扰乱课堂秩序和教学环境，孔某被学院领导约谈后仍不知悔改，反而变本加厉编造、传播所谓的“小道消息”增加所谓的“教学趣味性”。

【案例评析】

关于孔某上述行为的定性，主要有以下两种意见：

第一种意见认为，孔某的行为系其个人教学风格，在实践中，不少教师为强化教学的趣味性和互动性增加一些“野史”等素材，具有一定的普遍性。一些素材虽然道听途说，但作为教师也无法逐一核实，鉴于其目的是为了提升教学效果，不宜认定为违纪。

第二种意见认为，孔某的行为系公开编造、散布虚假信息行为，违反《新时代高校教师职业行为十项准则》第三条规定，应当视情节给予相应处理。其中，情节严重的，可依据《纪律处分条例》第三十条（有其他违反治安管理等违法行为，损害党、国家和人民利益的）、第三十五条（依法受到行政处罚，应当追究党纪责任）等规定，给予纪律处分等处理措施。

我们同意第二种意见。

提升教学趣味性和互动性根本途径在于提高教学内容的质量，而不在于教师哗众取宠或者添加道听途说、甚至编造的“素材”和“佐料”。高校学生大多涉世不深，对教师的言论大多深信不疑。个别教师出于种种动机编造、散布虚假信息，与为人师表的身份不符。本案例中，孔某身为文学院的讲师，理应带头严格遵守法律规定和课堂教学纪律，但孔某在教学和网络中肆意编造、散布虚假信息，损害了他人名誉，扰乱教学和社会公共秩序。如编造感染流行疾病会导致心脏病、肿瘤等严重后遗症，引起师生恐慌，是扰乱公共秩序行为，违反《中华人民共和国治安管理处罚法》（以下简称《治安管理处罚法》）第二十五条第（一）项（散布谣言，谎报险情、疫情、警情或者以其他方法故意扰乱公共秩序的）等规定；多次散布学校个别领导所谓“政治背景”信息；编造某位知名学者私生活混乱不堪等信息，应依据《治安管理处罚法》第四十二条第（二）项“公然侮辱他人或者捏造事实诽谤他人的”等规定处理。孔某行为均系违法行为，可适用《纪律处分条例》第三十条、第三十五条（被公安机关给予行政处罚的）等纪法衔接条款处理。

实践中，需要区分行为具体表现情形和后果等精准定性，不宜“一刀切”。具体而言，主要有以下几种性质：

1. 违纪行为。一是违反政治纪律和政治规矩行为。如编造、散布行为涉及在重大原则问题上不同党中央保持一致、坚持资产阶级自由化、违背四项基本原则（《纪律处分条例》第四十九条至第五十一条等）、制造、散布、传播政治谣言（《纪律处分条例》第五十九条）、挑拨破坏民族关系制造事端（《纪律处分条例》第六十七条）、违反党的优良传统和工作惯例且在政治上造成不良影响（《纪律处分条例》第七十六条）。二是违反其他纪律行为。如违反组织纪律，在干部选拔任用过程中，为获得竞争优势，散布、编造同事等竞争对象虚假信息（《纪律处分条例》第八十六条）。如违反廉洁纪律，利用职权编造信息，违规获得经济利益（《纪律处分条例》第九十九条等）。如违反工作纪律，其他不正确履行教学职责的行为（《纪律处分条例》第一百四十九条）。如违反生活纪律，违背社会公序良俗，在公共场合有不当行为（《纪律处分条例》第一百五十三条、第一百五十四条等）。

2. 违法行为。如行为人编造虚假信息违反《治安管理处罚法》第二十五条（散布谣言等），可认定为违法，对未超过行政处罚追责时效的，按程序移交公安机关处理。

此外，对非管理岗的高校教职工来说，如给予高校内部、教育主管部门内部处分的，应依据违反党的纪律定性对应的处分予以分类。如对违反治安管理法规行为，依据《事业单位工作人员处分规定》第二十二条第一款第（五）项（其他严重违反公共秩序、社会公德的行为）处理。

3. 涉嫌编造虚假信息罪及滥用职权、玩忽职守等犯罪的，依据《刑法》第二百九十一条之一等相应规定处理。

【需要注意的问题】

☞ 编造、散布虚假信息行为具体表现形式

《高等学校教师职业道德规范》规定，广大高校教师要带头树立优良学风教风，以高尚师德、人格魅力和学识风范教育感染学生。在校大学生大多涉世未深，对自己的老师有一种天然的信赖和尊重之情，老师的一言一行都可能造成重大的影响。所以，广大教职工不能出于增加教学的趣味性等动机，就企图通过编造、散布明显虚假信息来提高教学满意度。编造既包括无中生有虚构事实，也包括虚假夸大的事实。编造和散布要求均具有一定的公开性，其中，散布要求面向特定或不特定群体，如学生或在网络微信群中传播，导致较大的知情面和影响面。此外，对公开散布未经核实、真假难辨的道听途说信息也构成本违纪行为。实践中，高校党员干部和教职工公开编造、散布虚假信息行为主要包括以下情形：

1. 编造、传播涉及社会热点信息。如本案例中孔某

编造涉及流行疾病后遗症信息，在学校师生中造成恐慌等不良影响。有的编造、散布虚假的险情、疫情、灾情、警情，在信息网络或者其他媒体上传播，或者明知是上述虚假信息，故意在信息网络或者其他媒体上传播，破坏社会秩序。

2. 编造、传播校园事件、事故。如编造、散布校园里未发生的聚集性、斗殴事件，或者以“揭秘”校史为由调侃、侮辱甚至抹黑校园形象等行为。

3. 损坏他人名誉、传播他人隐私信息。如本案例中孔某编造校领导有所谓的“政治背景”才被提拔，涉及他人名誉声誉。有的编造的信息针对他人的成长经历或家庭情况，同时侵犯他人名誉权、隐私权。

4. 出于骗取钱财、发泄不满、打击竞争对象等非法目的，编造、散布涉及就业、保研等信息。

需要说明的是，并非上述行为均构成违纪违法，需总结考虑编造、散布行为的公开性（如具体范围、场合、方式、对象等）、主观恶性、性质、情节、态度认识及后果、是否采取一定的补救措施等判断是否需要追究相关党组织及党员干部的纪法责任。对情节轻微、性质不重等一般性编造、散布行为，以及仅有私下编造，但未实际进行散布等行为，可给予批评教育、责令检查等方式予以处理。

☞ 关于取证思路

对本违纪行为的取证，需针对不同违规行为具体表现固定相关证据。如本案例中孔某编造、散布校领导靠所谓“政治背景”上位虚假信息，需核实孔某编造、散布的具体动机，编造过程、散布具体方式及扩散具体范围、是否对相关校领导名誉造成损害及损害的大小。需要说明的是，如果相关散布的信息如系真实的，一般不宜认定为编造行为；如果散布信息构成其他违纪行为的，如构成侵犯他人隐私、名誉等，可认定构成违反工作纪律、生活纪律或违法行为。如行为人得知同事与他人长期保持不正当两性关系，在网络上公开散布，导致同事等当事人出现自杀、自残、婚姻破裂等后果的，即便散布的信息是真实的，由于不正当两性关系属于个人隐私，行为人举报他人违纪违法应当通过合法合规途径向组织反映，擅自在网络上曝光散布，造成严重后果的，可以追究散布人纪法责任。

10

传播负能量和错误观点行为

【典型案例】

苏某，中共党员，某大学教授。苏某性格孤僻，言行偏激出格。在课堂教学中，苏某以“学术自由”为名，多次宣传历史虚无主义等“野史”标新立异，含沙射影嘲讽、歪曲党的高等教育基本方针，曾被学生投诉，也多次被教务处约谈，但苏某仍我行我素，后被巡视指出。

【案例评析】

关于苏某上述行为的定性，主要有以下两种意见：

第一种意见认为，苏某的行为虽有不当但不宜认定为违纪。苏某的上述行为与他的成长经历、性格、个性有关系，虽然言行不够妥当，但也没有明显违反教学纪律，从保护学术自由、保护教师工作积极性角度看，不宜认定为违纪。

第二种意见认为，苏某的行为传播负能量和错误观点，违反《新时代高校教师职业行为十项准则》第三条规定，应当视情节给予相应处理。其中，情节严重的，根据行为的具体表现，依据《纪律处分条例》相关条款给予相应纪律处分。

我们同意第二种意见。

营造健康向上的正能量环境是一个人生活学习的必备要素。教师负有立德树人职责，传播正能量是其应尽职责。本案例中，苏某孤僻的性格虽与其成长环境有关，但其身为高校教师，在走上三尺讲台后，在注重业务素养的同时，应当注重自身健康阳光心态塑造，也应引导学生避免负面情绪、言行的影响，塑造阳光健康的心态，而不能宣扬与新时代青年积极进取、健康向上形象不符的错误观点。从苏某在教学和日常生活行为表现看，向学生鼓吹历史虚无主义等错误思想，由于与教学职责等具有紧密关系，系不正确履行教学职责行为，可依据《纪律处分条例》第一百四十九条（不正确履职行为）处理。对苏某宣扬历史虚无主义行为，如涉及否定四项基本原则等严重政治问题的言论，可认定为违反政治纪律。如未涉及政治问题的，根据言行是否与教学职责有关，分别归入违反工作或生活纪律范畴。此外，需要注意的是，对此类问题，情节较轻的，一般采取批评教育等措施，以思想教育和引导为主，对及时转变态度和未造成不良影响的行为，不宜给予纪律处分。

实践中，由于社会主义核心价值观涵盖国家治理、社会管理、道德修养等社会生活的方方面面，故传播负能量和错误观点行为是一类行为，不宜“一刀切”定性，需要区分行为具体表现情形和后果等精准定性。具体而言，主要有以下几种性质：

1. 违反政治纪律和政治规矩行为。如涉及丑化党和国家形象的，适用《纪律处分条例》第五十一条。相关言行违反党的优良传统和工作惯例等党的规矩，且造成不良政治影响或者严重后果，适用《纪律处分条例》第七十六条。此外，相关党员领导干部对行为人的上述违反政治纪律和政治规矩行为不报告、不抵制、不斗争，放任不管，搞无原则的一团和气，造成不良影响，可适用《纪律处分条例》第七十五条予以问责。

2. 违反其他纪律行为。如在党内选举前，肆意宣传所谓全民直接投票等西方民主思想，侵犯学生党员的表决权等，违反组织纪律，适用《纪律处分条例》第八十七条处理。本案例中，苏某在教学中向广大学生传播错误观点，扰乱学生思想，造成恶劣影响，可依据《纪律处分条例》第一百四十九条（不正确履职行为）处理。如在教学外的社会交往中，宣传及时行乐、追求低级趣味等错误观点，依据《纪律处分条例》第一百五十条（追求低级趣味，造成不良影响）等规定处理。

此外，对非管理岗的高校教职工来说，如给予高校内部、教育主管部门内部处分的，依据违反党的纪律定性对应的处分予以分类，如扰乱社会秩序的，依据《事业单位工作人员处分规定》第二十二条第一款第（一）项（违背社会公序良俗，在公共场所有不当行为，造成不良影响）等规定处理。

3. 相关不当言行构成犯罪的，如涉嫌煽动国家罪、诽谤罪、侮辱罪涉嫌滥用职权、玩忽职守等失职渎职犯罪的，依据刑法相应规定处理。

【需要注意的问题】

☞ 高校党员干部传播负能量和错误观点行为具体表现形式

实践中，传播负能量和错误观点行为主要包括以下情形：

1. 违反国家层面的“富强、民主、文明、和谐”价值目标。对于富强，有的片面理解为“不患寡而患不均”，歌颂所谓“物质匮乏、精神富有”。对于文明，有的无视封建糟粕，贬低现代文明。对于和谐，宣扬表面上一团和气，主张坚持无原则的“好人主义”，反对和而不同、求同存异的和谐思维。

2. 违反社会层面的“自由、平等、公正、法治”价值取向。对于自由，有的认为自由是绝对自由，宣扬“不自由毋宁死”等偏激观点。对于平等，有的主张人有贵贱之分，生而不平等封建思想。对于公正，有的追究结果公正，忽视过程。对于法治，有的推崇西方法治思想，忽视证据裁判、以人为本等基本价值。

3. 违反公民个人层面的“爱国、敬业、诚信、友善”价值准则。对于爱国，有的主张国家是一个虚无概念，个人利益才是第一位的。对于敬业，有的崇尚享乐文化和潇洒人生。对于诚信，有的宣传利益至上，没有基本的契约精神，认为在利益面前，诚信和面子毫无价值。对于友善，有的宣扬友善是软弱的表现。

需要说明的是，上述高校党员干部传播负能量和错误观点行为仅列举违规情形，并不表示上述行为均构成违纪违法，需要综合行为具体表现、情节、后果等予以定性，对照《纪律处分条例》《政务处分法》《事业单位工作人员处分规定》等规定的相关违纪违法行为的构成要素，确定是否构成违纪违法和是否需要追究行为人的纪法责任。值得一提的是，负能量和错误观点行为并无本质区别，负能量主要指传播负面情绪、价值观等言行，如悲观主义等，可能没有具体的指向言论，更多的是自身情绪的自然流露；错误观点范围较广，包含负能量言行，但大多由具体的指向性言论。此外，认定本违纪行为时，关键在于传播行为和造成的严重后果，而不论相关观点是个人观点，还是转发他人的错误言论。

☞ 关于取证思路

对本违纪行为的取证，需针对不同违规行为的具体表现固定相关证据。如本案例中苏某主张“躺平”，需核实苏某发表观点的具体动机、发表观点的范围和场合、次数、后果影响等方面的证据。尤其要把握情节和后果，对产生不良政治影响或严重后果的事实，要注意调取舆情反映、听众评价等。

11
对亲属失管失教行为

【典型案例】

朱某甲，中共党员，某学院党委书记。入职学院后，朱某甲从普通教师一步步成长为学院党委“一把手”，在学院发展改革中作出了较大贡献。但朱某甲素来对其独子朱某乙溺爱放纵，对朱某乙的要求向来有求必应、尽量满足。朱某乙高中毕业后就走向社会，一直没有稳定职业。其间，因学院进行新校区建设，朱某乙接受建筑工程包工头请托，打着朱某甲旗号，向学院基建科负责人打招呼，帮助他人承揽数千万元工程项目，收受财物 100 多万元，后被司法机关以利用影响力受贿罪判处刑罚。经查，朱某甲对朱某乙的上述打招呼行为虽有所察觉，却仅口头提醒后就不管不问，但对其收受财物情况并不知情。此外，由于朱某甲一贯娇惯，朱某乙品行不端，因赌博、斗殴等恶行被当地公安机关多次拘留、罚款，造成恶劣社会影响。

【案例评析】

关于朱某甲对朱某乙的上述行为的定性，主要有以下三种意见：

第一种意见认为，朱某乙的行为虽有朱某甲娇惯、纵容的因素，但朱某乙自身品行不端是其违法犯罪行为发生的主要原因，故不宜追究朱某甲的责任。

第二种意见认为，朱某甲纵容朱某乙利用其影响力为他人谋取利益，鉴于朱某乙已涉嫌利用影响力受贿罪，父子两人构成利用影响力受贿罪共犯，应当一并追究朱某甲的刑事责任。

第三种意见认为，朱某甲身为高校党员领导干部，与一般党员干部相比，负有重视家风建设，从严管理家属的重要职责。正是由于其一贯娇惯朱某乙，导致朱某乙不仅品行恶劣，还肆意利用父亲职务影响力收受巨额财物，造成恶劣影响，应当依据《纪律处分条例》第一百五十二条（不重视家风建设）追究朱某甲纪律责任。

我们同意第三种意见。

高校领导干部的家风家教历来是广大师生、学生家长关注的热点。高校党员干部如管不好家人，可能影响学校风气，其教书育人能力乃至其本人的品行也会受到质疑。本案例中，朱某甲娇惯其子，用权力弥补亲情，用职权补偿家人，败坏家风，可以说，朱某乙做出种种恶行，作为父亲的朱某甲是始作俑者，应当追究朱某甲管教不力的责任。追究领导干部不重视家风建设，主要考虑是压实其管好自家人、树立好家风的责任。实践中，一些党员干部以工作忙为由，对配偶、子女不闻不问，不仅自己游离于家庭成员的监督外，还默许、纵容家属利用其职权、地位谋利。此种行为同时违反不重视家风建设和廉洁规定要求，可根据证据状况择一确定行为性质。如本案例中，朱某甲对朱某乙打着自己旗号承揽工程行为并不知情，难以认定纵容、默许，鉴于朱某乙已构成利用影响力受贿，无必要再从违反廉洁纪律角度评价朱某甲是否存在纵容、默许行为，如从违反生活纪律角度评价，可充分体现朱某甲行为的具体表现和本质特征。

构成本违纪行为必须造成不良影响或严重后果，要坚持主客观相一致和综合考量，建议综合考虑以下因素：领导干部平时对亲属是严格要求、经常提醒还是溺爱过度、约束无方；领导干部与家属是同居一地、来往密切还是长期分居、无暇顾及；等等。上述因素对领导干部主观认识及违纪行为的性质、情节及后果都会产生较大影响，需要结合个案具体把握，不搞“客观归错”“一刀切”。此外，由于本违纪行为系 2018 年《纪律处分条例》新增内容，故发生在 2018 年 10 月 1 日之前且未持续到 10 月 1 日后的行为，在不构成其他违纪行为的情况下，不构成本违纪行为，但可作情节考量。

需要说明的是，《纪律处分条例》第一百五十二条的表述是“失管失教”，有观点据此认为党员领导干部主观上不能是直接故意，认为一般为过失，即领导干部明知自己平时约束不严、监督不力的行为造成或可能造成亲属违纪违法或品行不端等后果，仍然希望或放任上述结果的发生。如领导干部本人与家属沆瀣一气、联手贪腐，就不存在“失管失教”问题，不能认定为本违纪行为。上述观点对条款理解较为片面。本违纪行为评价的是家风建设问题，侧重于宏观评价，要着眼于领导干部对家风建设的一贯要求，以及失管失教行为的长期性和危害性，即便领导干部与家属联手贪腐，也并不表示其在家风建设方面上就没有失管失教，所以对联手贪腐行为，如从证据和效果角度，评价不重视家风建设行为确有必要的，仍可评价。

此外，由于家风不正行为的行为主体是领导干部，《事业单位工作人员处分规定》也没有能够对应的条款，故非管理岗的高校教职工不构成本错误。

【需要注意的问题】

☞ 高校党员干部对亲属失管失教行为具体表现形式

从通报曝光的案件看，个别党员领导干部不重视家风建设，对家属失管失教，影响恶劣，成为街谈巷议的谈资。实践中，高校党员领导干部不重视家风建设行为主要包括以下情形：

1. 领导干部配偶、子女及其配偶利用领导干部影响力谋取私利。如本案例中，朱某乙利用父亲朱某甲学院党委书记职权为他人承揽学院工程项目谋取利益，并收受财物。

2. 充当“掮客”，插手、干预领导干部职权范围内的工作、人事安排。

3. 因家教不严、过分溺爱导致家属、子女等道德败坏、品行不端，甚至涉黑涉恶等。如本案例中，朱某乙染上赌博、吸毒等恶习，朱某甲身为父亲，对其教育不力、管教不严，难辞其咎。

认定该行为时，需要注意以下几点：一是违纪的行为主体。从聚焦“关键少数”和示范引领重要性等角度考虑，针对党员领导干部，一般的党员干部不构成本错误。

二是危害结果。《纪律处分条例》第一百五十二条对本错误要求“造成不良影响或者严重后果”，故要综合考量失管失教行为的程度、持续时间、影响后果具体表现、失管失教行为与相关影响后果的因果关系及大小等。

☞ 关于取证思路

以本案例中朱某甲、朱某乙行为为例，需要调取以下几个方面的证据：一是朱某甲娇惯溺爱朱某乙行为的具体表现，调取朱某甲夫妇及朱某乙等相关知情人的言词证据；二是朱某乙恶劣品行等材料，如利用影响力受贿罪的判决书，被治安处罚的材料；三是调取不良影响及相关因果关系的材料，如群众评价、舆情反映等。此外，还要注意调取朱某甲的溺爱行为与朱某乙品行不端等行为直接因果关系的材料，如朱某甲对溺爱危害性的认识、在朱某乙犯错后自己的真实态度和打招呼行为、朱某乙在朱某甲溺爱下品行日下的过程和一贯表现等。

☞ 与类似行为的区别

1. 与亲属收受财物行为的区别。《纪律处分条例》第九十四条规定，党员干部利用职权或者职务上的影响为他人谋取利益，本人的配偶、子女及其配偶等亲属收受对方财物，情节较重的，构成违纪。构成该违纪行为的前提是党员干部对亲属收受他人财物行为事先并不知情，或者没有充分证据证明其知情。不重视家风建设行为主观上也为过失，但这两种违纪行为也有明显区别：一是从是否存在谋利行为看，亲属收受财物行为要求领导干部利用职权或职务影响为他人谋利，而不重视家风建设行为一般不存在领导干部本人为他人谋利的行为；二是从表现形式看，亲属收受财物行为表现形式比较单一，不重视家风建设行为不限于亲属收受财物，还包括亲属品行不端、捞取非经济利益等，表现形式更为多样；三是从违纪后果看，亲属收受财物行为要求情节较重的才能构成违纪，要综合考量收受财物数额、持续时间、谋利情节、性质等因素，不重视家风建设构成违纪的，一般要求造成不良影响或严重后果，更多侧重于不良社会影响和群众的否定性评价。

2. 与纵容、默许亲属谋取私利行为的区别。《纪律处分条例》第九十六条规定，纵容、默许配偶、子女及其配偶等亲属，利用党员干部本人职权或者职务上的影响谋取私利的，构成违纪。该违纪行为与不重视家风建设行为有以下区别：一是主观认识不完全相同。前者主观认识是纵容、默许，系故意状态，包括心知肚明的知情行为；不重视家风建设行为在主观上不排除领导干部知情行为，但更多表现为过失，领导干部对子女的行为大多不知情，或者知情度有限，尚不能达到及时制止的程度。二是对后果要求不同，前者情节较轻即构成违纪；后者要求造成不良影响或者严重后果，如舆情关注、广大师生和群众反映强烈等负面影响才构成违纪。

12
敷衍教学行为

【典型案例】

孙某，中共党员，某大学某教研部讲师，承担《形势与政策》《大学生职业规划》等课程。孙某认为这些课程比较边缘，因此在教学上不认真、不负责，主要表现在以下“三不”：一是课前不备课。用多年前的课件上课，自称“一套课件用一生”“一张讲稿走全校”。二是课上不用心。上课照着PPT或教材照本宣科，与学生不互动、不交流，不认识一个学生，甚至出现上课十几分钟后才发现走错教室啼笑皆非的笑话。由于准备不足和照本宣科，经常出现一个半小时的课不到一个小时就讲完的现象，上完课后即便未到时间也立即下课。学生普遍反映孙某的课毫无指导价值，多次向教务处投诉。三是课后不指导。孙某主讲的《大学生职业规划》课程，有课后辅导、答疑释惑、疏导学生就业考研焦虑压力等要求，但孙某拒绝公布自己的联系方式，对通过其他途径找到联系方式请教咨询的学生，一律以下班没有解答义务等为由拒绝回答。

孙某的上述教学行为，多次被教务处督查指出并要求其整改，但孙某不以为然、我行我素，声称学生故意挑事，自己授课没有明显问题。

【案例评析】

关于孙某上述行为的定性，主要有以下两种意见：

第一种意见认为，孙某主讲的《形势与政策》《大学生职业规划》因课程性质主题单一、内容枯燥，此类课程满意度本来就不高，即便再认真负责的老师也难以讲得精彩、令人满意，且孙某系老教师，坚持一线教学已属不易，故不宜认定为违纪。

第二种意见认为，孙某身为高校教师，理应遵守职业道德。从上述行为表现和后果看，属于典型的敷衍教学行为，违反高校教师职业道德，系不正确履行教学职责行为，依据《纪律处分条例》第一百四十九条（不正确履职行为）予以处理。此外，根据孙某行为的具体情节和后果及屡教不改的态度，学校党委和人事部门可依据《中华人民共和国教师法》第三十七条第（一）项（故意不完成教育教学任务给教育教学工作造成损失），给予相应行政处分、调离教学岗位甚至解聘处理。

笔者同意第二种意见。

教学是高校的主业主责。本案例中，孙某身为高校教师，甘于“躺平”，以在编和资历为由有恃无恐，“一套PPT用一生”“一张讲稿走全校”，严重损害了高校党员职工形象。同时，孙某承担的《形势与政策》《大学生职业规划》两门课程，关系到大学生思想政治教育和后续就业指导等重要问题，而孙某虚度光阴、怠于履职，造成严重不良影响，从孙某的行为本质上看，系不正确履行教学职责行为，违反工作纪律。

实践中，对于敷衍塞责教学行为，需要根据具体表现及后果影响等因素具体定性。具体而言，主要有以下几种性质：

1. 违纪行为。一是违反政治纪律和政治规矩行为。如敷衍塞责行为中，相关教师的相关言行违反重大原则或者违背四项基本原则、丑化党和国家形象，或者党的优良传统和工作惯例行为且在政治上造成不良影响，可分别依据《纪律处分条例》第四十九条、第五十一条、第七十六条等规定处理。二是其他违纪行为。大多敷衍塞责行为可认定为违反工作纪律（不正确履行教学职责的行为；

《纪律处分条例》第一百四十九条)。还有的违反生活纪律，如违背社会公序良俗，在公共场合有不当言行或者违背社会公德、家庭美德等，可分别依据《纪律处分条例》第一百五十三条、第一百五十四条等。

2. 违法行为。如系非党员的教师，可依据《事业单位工作人员处分规定》第二十一条第一款第（六）项(工作态度恶劣，造成不良社会影响）等相关规定对其作违法评价。

3. 涉嫌犯罪行为。有的敷衍塞责行为导致严重教学事故和事件等严重后果，如在指导学生进行科研实验或者带队外出教学、实习造成人员伤亡的，涉嫌以危险物品肇事罪、过失致人死亡罪等犯罪的，依据刑法相应规定处理。

【需要注意的问题】

☞ 高校教师敷衍教学行为具体表现形式

实践中，高校教师敷衍教学行为主要包括以下情形：

1. 课前环节。未按要求认真备课、准备教学素材，未通过适当方式全面了解学生关于该课程的需求。如本案例中，孙某常年不更新课件，教学态度不端正，教学质量更是难以保证。

2. 课中环节。有的不遵守课堂纪律，迟到、早退；有的言行随意糊弄，对学生违反课堂教学行为或不管不问，教学形象不佳；有的因责任心欠缺，准备不足、教学热情不够或者发泄不满，把控教学课堂节奏能力差，或东拉西扯，或言之无物，学生学习效果差；有的不履行教学职责，导致发生严重事故、事件等。

3. 课后环节。如本案例中，孙某不按要求进行课后辅导、网络答疑等。还有的在批改作业、指导论文、阅卷等工作中，作风漂浮、不严不实，或搞全面过关，或马虎糊弄，出现大量错批漏批、影响教学质量甚至耽误学生毕业等情形，造成严重后果或严重不良影响。

需要说明的是，上述仅从违规角度列举高校教师敷衍教学行为的具体情形，无法涵盖全部情形，也并不表示上述行为均构成违纪违法，需综合考量行为人敷衍塞责的主观动机、具体表现形式、后果影响、情节、态度认识及一贯表现等判断是否需要追究相关党组织及党员干部的纪法责任。如本案例中，孙某的敷衍塞责教学贯穿于课前、课中及课后等全过程，引发学生投诉，孙某在接受约谈后态度仍不端正，并造成恶劣影响，结合其一贯表现较差，可以给予其调离教学岗位甚至处分。当然，对情节轻微、性质不重等敷衍塞责行为，可给予批评教育、责令检查等方式予以处理。

☞ 关于取证思路

对本违纪行为的取证，需针对不同违规行为具体表现固定相关证据。如本案例中孙某的敷衍塞责教学行为，需与孙某谈话核实行为动机、教学态度及教学过程；与相关学生进行谈话，了解教学效果等材料；调取教学评价、孙某课件（必要时交由有关专家认定课件等教学资料的质量）、教学视频材料、上下课签到、学生投诉及教务处督查等材料。如果上述学生的证言与客观性证据能够相互印证，即便孙某本人拒不承认，也能证明孙某存在敷衍塞责教学行为。

13
违规兼职取薪行为

【典型案例】

陈某，中共党员，某大学副校长，法律功底深厚，多年前取得法律职业资格，并担任该校法学院教授。2018年2月至2024年1月，陈某未经批准在某律师事务所兼职，并担任多家上市公司法律顾问，年收入700万余元。由于陈某忙于律师等兼职事务，陈某承担的法理学等教学质量多次被评定为不合格。上述问题被巡视指出，并被该校部分教师在网络曝光，造成不良影响。

【案例评析】

关于陈某兼职行为的定性，主要有以下两种意见：

第一种意见认为，陈某行为不构成违纪。陈某系高校从事法学教育人员，依据《中华人民共和国律师法》（以下简称《律师法》）第十二条“高等院校、科研机构中从事法学教育、研究工作的人员，符合本法第五条规定条件的，经所在单位同意，依照本法第六条规定的程序，可以申请兼职律师执业”。根据上述规定，陈某兼职律师职业并不违规，同时推动了产学研结合，应当予以鼓励。

第二种意见认为，陈某的行为违反党的工作纪律。陈某作为法学院教授兼职律师有具体的法律规定，其未经批准兼职律师，且所带的课程多次被评定为不合格，系不正确履行教学职责行为，应依据《纪律处分条例》第一百四十九条处理。

第三种意见认为，陈某兼职律师行为违反党的廉洁纪律。陈某系高校党员领导干部，与一般从事法学教育人员不同，其权力影响、从业要求等应当严于高校一般教师，且其兼职未经所在单位或主管部门批准，属于擅自兼职，可依据《纪律处分条例》第一百零三条第一款第（六）项（其他违反有关规定从事营利活动的行为）予以处理。

我们同意第三种意见。高校党员领导干部中，因具有较强的专业技术水平，可同时担任教学工作，具备教师身份，但此类人员仍属于党员领导干部范畴，其第一身份是党员领导干部，在保障教育管理、教学工作质量同时，符合党员干部和高校教职工兼职规定的条件下，才可兼职。本案例中，陈某具备法律执业资格，长期从事法学教育，表面上看，符合《律师法》第十二条规定的律师执业条件。但陈某同时系高校领导班子成员，《高等学校深化落实中央八项规定精神的若干规定》第二条明确规定，要严格执行兼职取酬管理规定。学校党员领导干部未经批准不得在社会团体、基金会、企业化管理事业单位、民办非企业单位和企业兼职。本案例中，陈某兼职的是律师事务所律师和相关企业法律顾问，从律师事务所和律师性质看，与社会团体、企业等单位，在利润获得方式上并无本质区别，均系通过劳务获得报酬。从行为影响看，高校领导干部在律师事务所兼职也会存在廉洁风险，如可能利用身份、地位影响不当获得案源，可能影响公正执行公务等，或者如陈某类似，影响自身教学管理等本职工作。所以，高校教师兼职不得违反相关规定，避免兼职对工作的勤政性和廉洁性产生不当影响。其中，对陈某类似的领导干部，应当从严要求，防止利益冲突。就陈某而言，无论是行为的违规性还是后果影响，我们倾向认为涉嫌违规从事营利活动行为。

此外，对非管理岗的高校教职工来说，如给予高校内部、教育主管部门内部处分的，依据违反党的纪律定性对应的处分予以分类，依据《事业单位工作人员处分规定》第十九条第（六）项（违反国家规定，从事、参与营利性活动或者兼任职务领取报酬）处理。

高校领导干部兼职行为，涉及面广、政策和行业管理属性强、关注度高，在认定是否违规性要审慎把握，必要时充分听取同级组织人事、教育等主管部门意见。如中组部关于高校及科研院所领导人员兼职有关政策规定（以下简称中组部有关规定）明确，对到国际学术组织或有国（境）外背景的单位和企业兼职的，高校党委（党组）要认真把握，必要时应当听取有关主管部门意见，了解其政治倾向和相关背景。此外，对兼职行为未按规定在个人有关事项报告中报告行为，因兼职行为已构成违纪，要求兼职人再如实上组织报告，不具有可期待性，故可仅认定违规兼职行为，将未报告行为作为情节表述，不再将未报告行为单独作为违纪行为定性。

【需要注意的问题】

☞ 关于对高校党员干部兼职行为的认识

1. 兼职概念及具体范围。本文所称兼职，依据中组部有关规定《关于规范现职党政领导干部在社会团体兼职等有关问题的问答》等规定精神，是指行政和工资关系在高校的领导干部在社会团体、基金会、民办非企业单位等社会组织和企业的兼职。其中，在社会团体、基金会、民办非企业单位兼职，包括兼任领导职务或名誉职务、常务理事、理事等；在企业兼职包括兼任领导职务或名誉职务、外部董事、独立董事、独立监事等职务。

2. 规范高校党员干部兼职行为的必要性。中组部有关规定指出，高校的单位性质、工作职责与党政机关有较大差异，担负着传承和创造知识、推动创新、服务社会等职能，其领导人员大多是相关领域的专家学者，他们的领导岗位与党政领导岗位性质也不尽相同，对他们的兼职，应当实事求是、分类管理。鉴于高校领导干部负有立德树人、为党育人、为国育才等贯彻落实新时代教育工作的重要使命，要接受严格监督、规范管理。具体来说，应从以下三个方面正确认识规范高校领导干部兼职行为的必要性：

一是身份方面。本文所称的高校领导干部，主要指学校领导班子成员、院系所及内设机构领导人员等公职人员。虽然高校领导干部的职责、权力与党政领导干部存在区别，但同属领导干部范畴。《中华人民共和国监察法》（以下简称《监察法》）《政务处分法》施行后，高校领导干部作为公职人员被纳入监察对象范围。从公职人员的“让渡权力、增持义务”角度看，规范兼职行为、接受严格约束，是高校领导干部作为公职人员的应有之义。

二是制度方面。关于规范高校领导干部兼职相关制度，除中组部有关规定外，还散见于教育部《关于进一步加强直属高校党员领导干部兼职管理的通知》、教育部《高等学校深化落实中央八项规定精神的若干规定》等高校主管部门内部规定。上述规定在不同的历史时期、从不同的层级和角度均对高校领导干部兼职问题提出了明确要求和规范。

三是结果方面。高校领导干部兼职行为是一把“双刃剑”，依法合规的兼职行为，可以充分调动高校领导干部的积极性，有利于促进人才资源有效配置，更好地发挥人才作用。但违规兼职行为的危害也是多方面的：一方面，高校党员领导干部利用职权便利或职务影响兼职，违反《中国共产党廉洁自律准则》等规定，影响了党员或公职人员廉洁形象，甚至产生不良影响；另一方面，违规兼职往往分散高校领导干部的精力，违反“要把精力放在做好本职工作上”等工作要求。

☞ 可以兼职和禁止兼职的具体情形

1. 可以兼职的情形

依据中组部有关规定，对非参照公务员法管理的领导人员，应按照分层分类管理的原则、区别不同情况，支持他们兼任与其工作或教学科研领域相关的职务，支持他们按有关规定积极参与科技成果转化。根据不同的对象，主要有以下几种可以兼职的情形：

一是高校党委书记、校长等正职。经批准可兼任与本单位或者本人教学科研领域相关的社会团体和基金会等职务，兼职数量一般不超过3个，且不得领取薪酬。

二是高校领导班子其他成员。经批准可兼任与本单位或者本人教学科研领域相关的社会团体和基金会等职务，兼职数量一般不超过3个；根据工作需要，经批准也可在本单位出资的企业（包括全资、控股和参股企业）或参与合作举办的民办非企业单位兼职，但兼职数量一般不超过1个，不得在兼职单位领取薪酬。此外，依据《关于加强高等学校反腐倡廉建设的意见》规定，上述兼职须经高校党委（常委）会集体研究决定，并报高校上级主管部门批准和上级纪检监察部门备案。

三是高校所属的院系所及内设机构领导人员。拟在社会团体、基金会、民办非企业单位和企业兼职的，根据工作需要和实际情况，按干部管理权限由党委（党组）审批，兼职数量应适当控制，具体可由省级以上教育主管和组织人事等部门根据本地实际确定兼职数量的上限。

此外，上述人员在高水平学术期刊担任编委或在国际学术组织兼职的，兼职数量可根据实际情况适当放宽。主要考虑学术研究交流工作的重要性和与国际交往的便利性。

综上，高校领导干部兼职工作应当遵循“坚持分类管理、防止利益冲突”原则的基础上，区分不同层级领导干部和具体兼职岗位予以规范。主要表现在以下“四个严于”：对高校主要负责人要求严于其他校级领导干部；对校级领导干部的要求严于中层干部；对在外单位兼职要求严于本单位出资企业等校内兼职要求；对非学术类兼职要求严于高水平学术期刊类兼职要求。

2. 禁止兼职的情形

一是参公管理的领导人员不得在企业或者其他营利性组织中兼任职务。对高校领导人员中属于参照公务员法管理的领导人员，其兼职管理仍按原有规定执行，故对此类人员仍应执行《中华人民共和国公务员法》第五十九条第（十六）项、《兼职意见》第一条等规定，现职和不担任现职但未办理退（离）休手续的党政领导干部均不得在企业兼职（任职）。

二是除本校资产管理公司外，不得在经济实体中兼职。中组部有关规定明确，新提任的校级党员领导干部，应当在任职后 3 个月内辞去在经济实体中兼任的职务，确需在本校资产管理公司和社会团体等单位中兼职的，应当重新履行审批手续。

综上，建议从以下几个因素综合把握兼职是否合规：一是根据具体身份，判断是否属于上述可以兼职的情形。有的还对兼职时间提出要求。如中组部有关规定明确，兼职不得超过 2 届，所兼职务未实行任期制的，兼职时间最长不得超过 10 年。二是是否根据干部管理权限按规定履行集体研究、审批和备案等程序。本案例中，陈某作为省属高校班子成员，系省属干部，其执业行为未层报省委组织部审批。中组部有关规定明确，在社会团体、基金会、民办非企业单位和企业兼职，均应当按照干部管理权限进行审批，任期届满继续兼职应重新履行审批手续。此外，要求兼职人在其个人有关事项报告中报告兼职及是否取酬等具体情况。三是相关领导干部兼职行为是否影响其本职工作和廉洁从政形象，导致或可能导致利益冲突，如是否利用职权便利或影响、是否存在长期脱岗、兼职过多过滥等影响其正常履职情形。四是是否获得报酬和按规定公示、报告。教育部《高等学校深化落实中央八项规定精神的若干规定》及中组部有关规定等明确，个人按照有关规定在兼职单位获得的报酬，应当全额上缴高校，由高校根据实际情况制定有关奖励办法，给予适当奖励。此外，兼职及因科技成果转化获取奖励、股权激励等情况，应当以适当方式进行公示，并在领导干部个人有关事项报告和年度述职报告中予以说明。

需要说明的是，兼职是否符合规定，需要综合历史、现实等情况综合把握，对此前经过批准律师执业的高校领导干部，鉴于其执业具有特定背景，一般可继续开展执业活动。如利用岗位、教学等资源为其执业活动谋取利益的，可依据规定处理。新任职的高校领导干部申请执业，相关部门应当认真审核、严格把关，鉴于其领导干部身份，不宜批准其执业。

☞ 关于“双肩挑”人员兼职范围

“双肩挑”人员，是指同时在管理岗位和专业技术岗位两类岗位上任职的事业单位领导人员。如高校校长系同级党委管理的干部，可同时受聘教授等专业技术岗位从事教学工作。中组部有关规定明确，除中央管理的干部外，高校领导班子成员中的“双肩挑”人员、所属的院系所和内设机构领导人员不担任领导职务后，其兼职可不再按照领导人员管理，其可作为专业技术岗位工作人员身份，经批准后从事兼职工作。如本案例中，陈某在副校长岗位上退休后，其可以教授名义在外合法兼职，可在民办高校继续授课。当然，应当履行学校或教育主管部门规定的审批程序，由本人事先向其原所在单位党委（党组）报告，按程序审核批准后方可兼职。

☞ 把握执纪执法综合效果

一方面，从严处理顶风违纪、谋取私利的兼职行为，果断收缴违纪违法所得、责令解除兼职协议。另一方面，在处理违规兼职行为时，要落实“纪法情理贯通”要求，对具有当时政策法规不够健全、客观上具有一定普遍性现象等特定背景、兼职人及时辞去兼职、主观故意不够明显及对社会产生较大经济价值等兼职行为，充分考虑效果、稳慎处理。

14
校园事故违纪行为

【典型案例】

周某，中共党员，某学院某班辅导员。周某平时工作较为散漫且临近退休，与所负责的某班学生接触不多，经常通过班委传递信息、了解情况，担任辅导员两年多，竟然不认识该班班委之外的同学。某班两名男生因同时追求一名女生及双方积怨较深等原因大打出手，班委将上述情况多次报告周某，学院保卫处也多次督促周某与两名男生谈心，消除矛盾隐患，但周某怕惹事且心存侥幸未采取任何安抚等处理措施，口头反馈保卫处等部门谎称“已了解情况，双方态度稳定”。后两名男生因矛盾激化再次互殴，并导致其中一名男生重伤。

【案例评析】

关于周某上述行为的定性，主要有以下两种意见：

第一种意见认为，周某虽然在上述校园事故处理中有一定的过错，但主要与其自身散漫粗心的性格有关系，且两名男生互殴系双方积怨较深导致，即便周某做了相关安抚工作，也未必能够避免事故的发生，故不宜追究周某的责任。

第二种意见认为，周某对上述事故发生负有管理责任。周某身为高校教师，责任心缺失，也未遵守职业道德，消极不作为。从上述事故发生的过程和后果看，周某严重违反高校教师职业道德和工作纪律，考虑到情节和后果，学校可以给予调离教学岗位处理，并可依据《教师法》第三十七条第一款第（一）项（故意不完成教育教学任务给教育教学工作造成损失）、《事业单位工作人员处分规定》第十八条第（四）项（发生重大事故、灾害、事件，擅离职守或者不按规定报告、不采取措施处置或者处置不力）等规定予以处分。

我们同意第二种意见。

校园事故是社会关注的热点，关系到广大师生生命健康、财产利益等各方面权利。本案例中，周某作为辅导员，负有保障学生在校安全、及时排查安全隐患、化解学生纠纷等重要职责，但其怠于履职，不了解班级情况，没有发现班级长期存在的问题，最终两名学生矛盾激化产生重伤等严重后果，周某负有不可推卸的责任。从党纪角度，由于周某的上述行为，系不正确履行辅导员工作职责，违反工作纪律。需要注意的是，如周某系一定级别的高校领导干部，比如高校领导班子成员，上述行为具有形式主义、官僚主义性质，可依据《纪律处分条例》第一百三十二条第（六）项（工作中其他形式主义、官僚主义行为）处理，定性为违反中央八项规定精神。从学校内部的处分角度，周某的上述行为，可依据教育部《学生伤害事故处理办法》（以下简称《办法》）第三十二条“发生学生伤害事故，学校负有责任且情节严重的，教育行政部门应当根据有关规定，对学校的直接负责的主管人员和其他直接责任人员，分别给予相应的行政处分”等规定，可给予行政处分。

实践中，对于校园事故行为需要根据具体表现及后果影响等因素定性。具体而言，主要有以下几种性质：

1. 违反政治纪律行为。如相关证据能够证实事故背后反映出落实党中央关于教育决策部署不坚决，打折扣、搞变通，并造成不良政治影响或者严重后果，依据《纪律处分条例》第五十六条第二款处理；如履职行为违反党的优良传统和工作惯例行为且在政治上造成不良影响或者严重后果，可依据《纪律处分条例》第七十六条等规定处理。

2. 违反其他纪律行为。校园事故行为大多属于工作层面，一般认定为违反工作纪律，依据《纪律处分条例》第一百四十九条（如不正确履行教学职责的行为）处理。在事故处理过程中违反决策、请示报告等组织程序，依据《纪律处分条例》第七十七条（违反民主集中制原则行为）等规定处理。

此外，对非管理岗的高校教职工来说，如给予高校内部、教育主管部门内部处分的，依据违反党的纪律定性对应的处分予以分类，依据《事业单位工作人员处分规定》第十八条第（四）项（发生重大事故、灾害、事件，擅离职守或者不按规定报告、不采取措施处置或者处置不力）规定处理。

3. 涉嫌犯罪行为。有的事故处理过程中因严重失职渎职涉嫌重大责任事故罪等犯罪的，依据《刑法》第一百三十四条等相应规定处理。

【需要注意的问题】

☞ 校园事故违纪行为具体表现情形

1. 高校应当依法承担相应责任事故的具体表现情形

《办法》第九条规定，因下列情形之一造成的学生伤害事故，学校应当依法承担相应的责任：

一是学校的校舍、场地、其他公共设施，以及学校提供给学生使用的学具、教育教学和生活设施、设备不符合国家规定的标准，或者有明显不安全因素的。

二是学校的安全保卫、消防、设施设备管理等安全管理制度有明显疏漏，或者管理混乱，存在重大安全隐患，而未及时采取措施的。

三是学校向学生提供的药品、食品、饮用水等不符合国家或者行业的有关标准、要求的。

四是学校组织学生参加教育教学活动或者校外活动，未对学生进行相应的安全教育，并未在可预见的范围内采取必要的安全措施的。

五是学校知道教师或者其他工作人员患有不适宜担任教育教学工作的疾病，但未采取必要措施的。

六是学校违反有关规定，组织或者安排未成年学生从事不宜未成年人参加的劳动、体育运动或者其他活动的。

七是学生有特异体质或者特定疾病，不宜参加某种教育教学活动，学校知道或者应当知道，但未予以必要的注意的。

八是学生在校期间突发疾病或者受到伤害，学校发现，但未根据实际情况及时采取相应措施，导致不良后果加重的。如本案例中，周某明知两名同学存在互殴行为，却无动于衷、麻木不仁，不采取有效措施，反而欺骗组织，导致发生学生重伤结果的发生。又如，一些教职工在主管部门三令五申要求下，仍对校园霸凌现象重视不够、处置不力等。

九是学校教师或者其他工作人员体罚或者变相体罚学生，或者在履行职责过程中违反工作要求、操作规程、职业道德或者其他有关规定的。

十是学校教师或者其他工作人员在负有组织、管理未成年学生的职责期间，发现学生行为具有危险性，但未进行必要的管理、告诫或者制止的。

十一是对未成年学生擅自离校等与学生人身安全直接相关的信息，学校发现或者知道，但未及时告知未成年学生的监护人，导致未成年学生因脱离监护人的保护而发生伤害的。

十二是学校有未依法履行职责的其他情形的。

2. 学生或者未成年学生监护人应当承担责任的情形

《办法》第十条规定，学生或者未成年学生监护人由于过错，有下列情形之一，造成学生伤害事故，应当依法承担相应的责任：

一是学生违反法律法规的规定，违反社会公共行为准则、学校的规章制度或者纪律，实施按其年龄和认知能力应当知道具有危险或者可能危及他人的行为的。

二是学生行为具有危险性，学校、教师已经告诫、纠正，但学生不听劝阻、拒不改正的。

三是学生或者其监护人知道学生有特异体质，或者患有特定疾病，但未告知学校的。

四是未成年学生的身体状况、行为、情绪等有异常情况，监护人知道或者已被学校告知，但未履行相应监护职责的。

五是学生或者未成年学生监护人有其他过错的。

3. 有过错的当事人应当承担责任的情形

《办法》第十一条规定，学校安排学生参加活动，因提供场地、设备、交通工具、食品及其他消费与服务的经营者，或者学校以外的活动组织者的过错造成的学生伤害事故，有过错的当事人应当依法承担相应的责任。

4. 学校无法律责任的情形

《办法》第十二条规定，因下列情形之一造成的学生伤害事故，学校已履行了相应职责，行为并无不当的，无法律责任（此种指学校完全免责情形）：

一是地震、雷击、台风、洪水等不可抗的自然因素造成的。

二是来自学校外部的突发性、偶发性侵害造成的。

三是学生有特异体质、特定疾病或者异常心理状态，学校不知道或者难于知道的。

四是学生自杀、自伤的。

五是在对抗性或者具有风险性的体育竞赛活动中发生意外伤害的。

六是其他意外因素造成的。

5. 需依据相关法律法规规定认定事故责任，再确定学校不承担事故责任的情形

《办法》第十三条规定，下列情形下发生的造成学生人身损害后果的事故，学校行为并无不当的，不承担事故责任；事故责任应当按有关法律法规或者其他有关规定认定：

一是在学生自行上学、放学、返校、离校途中发生的。

二是在学生自行外出或者擅自离校期间发生的。

三是在放学后、节假日或者假期等学校工作时间以外，学生自行滞留学校或者自行到校发生的。

四是其他在学校管理职责范围外发生的。

学生或其监护人等可向人民法院提起民事诉讼，根据法院生效判决、裁定等，确定高校是否承担相应责任。

6. 因教师等个人行为等原因，由致害人依法承担责任的情形

《办法》第十四条规定，因学校教师或者其他工作人员与其职务无关的个人行为，或者因学生、教师及其他个人故意实施的违法犯罪行为，造成学生人身损害的，由致害人依法承担相应的责任。

需要说明的是，上述仅从违规角度以列举的方式明确高校及其工作人员对校园事故的具体情形，并不表示上述行为均构成违纪违法，需综合考量相关人员的主观动机、事故具体表现形式、后果影响、情节、相关人员的态度认识及一贯表现等判断是否需要追究相关党组织及党员干部的纪法责任。如本案例中，周某身为辅导员，在得知学生互殴后，没有采取有效措施处理，严重失职渎职，违反工作纪律。当然，对情节轻微、性质不重或者责任人已尽到责任情形的校园事故，可不予、免予处理，或给予谈话提醒、批评教育、责令检查等第一种形态处理措施。

☞ 关于取证思路

对本违纪行为的取证，需针对不同违规行为具体表现确定审查调查思路。以本案例中周某对互殴事故是否承担责任为例，一是要与周某谈话核实互殴过程，重点核实其是否知道两次互殴情况以及知道第一次互殴后其态度、认识、是否第一时间赶赴现场，事后是否采取措施。此外，要核实周某履行辅导员职责具体情况，如对互殴学生及其他同学日常表现、矛盾起因等是否了解。二是要与互殴学生等人了解互殴过程，重点核实周某是否知晓及履职情况。核实保卫处工作人员等人处理互殴事故过程，重点核实周某反馈保卫处已“了解情况，双方态度稳定”具体经过等，印证其履职不到位事实。三是要调取公安机关出警及后续处理书证等情况，如被打伤同学的病历、治安处罚材料。四是要注意调取事故发生与履职不到位行为是否存在因果关系及具体大小，建议结合互殴原因、持续时间、是否向辅导员报告、辅导员能否及时赶到现场或电话指挥、从日常经验和生活常识看能否避免或减轻损失后果等。

15

要求学生从事与教学等无关事宜行为

【典型案例】

张某，中共党员，某大学材料物理专业教授、硕士生导师。张某创办企业担任股东，并在多家企业兼职从事产品研发工作。除日常教学外，张某长期安排自己负责指导的 5 名研究生在其开办和兼职的企业从事产品开发、编程、设计调试电路等工作。按市场劳务价格，此类岗位每月报酬均在 7000 元左右，但张某仅支付 1000 元。此外，张某还安排学生打扫其住所卫生、接送客人等，占用学生休息时间。多名学生不愿意，与张某发生言语甚至肢体冲突，导致师生关系紧张，产生不良影响。

【案例评析】

关于张某上述行为的定性，主要有以下两种意见：

第一种意见认为，张某的行为不构成违规，更不构成违纪。张某身为导师，虽然多次安排学生在其开办和兼职的企业从事产品研发工作，但高校本身就鼓励产学研一体化，其安排学生从事与教学、科研有关的工作同时可以提升学生的学术科研水平，且支付了一定报酬，故不宜追究其责任。

第二种意见认为，张某安排学生在其开办和兼职的企业工作，即便与教学科研具有一定的关系，但由于上述企业均系私营企业，且占用了日常教学和学生休息时间，而侵犯了学生利益，学生的工作为张某节省了人力成本，使其获得了不少经济利益。如张某的行为持续时间较长、获得的不当利益较多或者造成严重不良影响，违反工作纪律，可依据《纪律处分条例》第一百四十九条（不正确履职行为）予以处理。

我们同意第二种意见。

导师主要职责是教书育人，不能以科研、实习等为由安排学生长期干私活、谋私利。本案例中，张某身为高校教师，本应立足本职教学科研等工作，但其却出于私心，长期使唤学生从事与教学等无关事宜行为，虽回报丰厚，但带来的是师生关系紧张、影响学生学业等后果。张某的上述行为，不正确履行教学科研职责等特征明显，违反工作纪律。需要注意的是，如张某系公职人员，对学生来说，除师生关系外，同时具有职权隶属制约关系，如利用职权免费使用学生劳务，可依据《纪律处分条例》第一百一十一条（利用职权或者职务上的影响，无偿、象征性地支付报酬接受服务、使用劳务）予以处理，认定为违反廉洁纪律，并要求按市场价向学生支付相应费用。

实践中，对于要求学生从事与教学等无关事宜行为，需要根据不同情形的具体表现及后果影响等因素定性。具体而言，主要有以下几种情况：

1. 违反政治纪律和政治规矩行为。对违规安排学生从事与教学科研等事宜，因持续时间长、波及面广、涉及人员多的，造成恶劣政治影响，对学校党委、纪委等党组织及相关责任人，区分性质、情节及具体后果，分别依据《纪律处分条例》第五十六条（落实党中央关于教育决策部署不力等）、第七十四条（履行全面从严治党“两个责任”不力）、第七十六条（违反党的优良传统和工作惯例等党的规矩）等定性处理。

2. 违反其他纪律行为。区分安排劳务的教师是否系公职人员或利用行政管理职权予以定性。如行为人系学校中层及以上干部等党员公职人员的，可认定为违反廉洁纪律，依据《纪律处分条例》第一百一十一条（无偿、象征性地支付报酬接受服务、使用劳务等）。如非公职人员，仅利用教学职责安排劳务等，可认定为违反工作纪律，依据《纪律处分条例》第一百四十九条（不正确履职行为）等定性处理。如安排异性学生进行不当活动，造成不良影响的，违反生活纪律，依据《纪律处分条例》第一百五十三条（违背公序良俗，在公共场所有不当言行）等处理。

此外，对非管理岗的高校教职工来说，如给予高校内部、教育主管部门内部处分的，依据违反党的纪律定性对应的处分予以分类，依据《事业单位工作人员处分规定》第十九条第（二）项（利用工作之便为本人或者他人谋取不正当利益的）处理。

3. 涉嫌违法犯罪行为。对强迫学生提供劳务，尚不构成犯罪的，依据《治安管理处罚法》第四十条第（二）项（以暴力、威胁或者其他手段强迫他人劳动的）等规定处理。构成犯罪的，依据《刑法》第二百四十四条（以暴力、威胁或者限制人身自由的方法强迫他人劳动的），以强迫劳动罪等规定处理。

【需要注意的问题】

☞ 高校教师要求学生从事与教学等无关事宜行为具体表现形式

实践中，要求学生从事与教学等无关事宜行为主要包括以下情形：

1. 从事与教学、科研等无关的劳务活动。如本案例中，张某安排学生在其入股和兼职的企业从事产品研发工作。

2. 安排学生处理导师等个人事务。如有的长期安排学生照顾其或家人生活、作为其私人助理参与私人接待等应酬。

3. 打理其经营活动。如有的导师搞网络直播推销商品，安排学生管理其淘宝网店、微店。

4. 安排学生从事与其领域无关的学术工作。如有的导师涉猎领域较广，出版与本人研究领域无关的回忆录、诗歌等图书，安排学生代笔，等等。

上述行为仅列举了高校教师要求学生从事与教学科研等无关事宜行为具体表现情形，是否构成违规还结合以下几种因素综合考量：一是劳务等事宜的具体内容。即便属于违规行为，其具体内容可能影响行为的性质。如适度安排学生担任私人助理、处理私人事务与长期从事营利性活动、获得经济利益等，在错与非错性质、情节和影响上有所区别。二是持续的具体时间和具体背景。是长期行为还是偶尔行为，是事出有因的应急行为，如家中有急事临时安排学生帮助处理，还是一贯把学生当成“廉价甚至无偿劳动力”使用。三是对超出学生职责范围内的劳务，如按规定需支付报酬的，是否支付了合理报酬。如本案例中，张某安排学生从事营利性活动，仅支付 1000 元，远低于市场劳务价格。四是是否严重影响学生正常教学和科研、校园生活等。如占用教学安排的教学时间等。五是是否造成师生关系紧张、伤亡等严重不良影响。

☞ 高校教师要求学生从事与教学等无关事宜行为处理难点

1. 相关规定较为原则，导致定性上不尽相同。《新时代高校教师职业行为十项准则》第五条要求，广大高校教师不得要求学生从事与教学、科研、社会服务无关的事宜。实践中，在鼓励创新创业、合法兼职、高校教育产学研一体背景下，学生在导师兼职企业从事科研工作，多少带有教学科研实践性质，故难以区分是否与学生教研活动无关。

2. 思想上存在误区。有的认为教师安排学生从事一些工作，即便与教学科研无关，也体现了师生之间感情和信任，所以对此类行为均不宜认定违规。由于学校及社会对此类行为的容忍度较高，在处理上畸轻畸重情况时有发生。

☞ 关于取证思路

对本违纪行为的取证，需针对不同违规情形确定审查调查思路。以本案例中张某安排学生从事劳务为例，取证思路主要有：一是与张某及相关学生谈话核实安排劳务具体过程，包括时间、工作量、是否支付报酬及自己获利情况，与教学科研是否有关及具体有多大关系。二是核实相关公司与学生是否存在劳务合同，如没有书面合同，调取学生上班考勤、劳动成果等印证存在提供劳务的事实。发放劳务费的，调取银行流水等材料。三是违规行为的后果。如造成师生关系紧张的材料可以通过相关行为人、知情人证言、微信截图等证明。对造成恶劣影响的，调取网络舆情等材料。

☞ 压实责任，严格执行相关制度

从通报曝光的案件看，要求学生从事与教学等无关事宜行为，大多发生在教学方式相对灵活的研究生阶段。从制度层面看，相关高校执行教育部《研究生导师指导行为准则》（以下简称《准则》）不到位是安排学生从事无关行为的重要原因。各高校要结合实际细化《准则》，明确导师岗位职责，划定基本底线。要做好政策宣传解读，帮助广大师生全面了解《准则》内容。要完善相关制度，将《准则》真正贯彻落实到研究生招生培养全方位、全过程，强化岗位聘任、评奖评优、绩效考核等环节的审核把关。要强化监督指导，依法处置违规行为。各高校要落实学校党委书记和校长师德建设第一责任人责任、院（系）行政主要负责人和党组织主要负责人直接领导责任，按照准则要求，依规依法建立研究生导师指导行为违规责任认定和追究机制，强化监督问责。对确认违反《准则》的相关责任人和责任单位，要依据教育部《关于高校教师师德失范行为处理的指导意见》等规定予以处理。对违反准则的导师，培养单位要依规采取约谈、限招、停招直至取消导师资格等处理措施；对情节严重、影响恶劣的，一经查实，要坚决清除出教师队伍；涉嫌违法犯罪的移送司法机关处理。对导师违反《准则》造成不良影响的，所在院（系）行政主要负责人和党组织主要负责人需向学校分别作出检讨，由学校依据有关规定视情节轻重采取约谈、诫勉谈话、通报批评、纪律处分和组织处理等方式进行问责。教育主管部门要结合评估监测、考核验收等工作，对导师违反准则造成不良影响的高校，可视情核减招生计划、限制申请新增学位授权，情节严重的，按程序取消相关学科的学位授权，压实学校主体责任。

16
学术不端行为

【典型案例】

秦某，中共党员，某大学人文学院副教授，曾师从国学领域知名学者李某。2024 年 1 月，秦某完成一本国学研究方面的专著。为提高该专著的知名度，秦某在李某未参与创作，且未经李某同意的情况下，将李某作为该专著的第二作者。专著出版后，因质量较高、销量较好，多次获得图书类奖项。李某得知情况后，向秦某了解情况，鉴于秦某真诚道歉且考虑两人之间师生情谊，李某表示谅解秦某的行为。

【案例评析】

关于秦某上述行为的定性，主要有以下两种意见：

第一种意见认为，秦某的行为不构成违规。秦某虽未经李某的同意在专著上署名，但两人系师生关系，事后李某考虑师生之情原谅了秦某，可视为对秦某擅自署名行为的追认。此外，秦某的专著颇受读者欢迎，说明本身质量较好，是否署李某名字不影响专著质量。

第二种意见认为，秦某的行为构成学术不端。李某未实际参与专著创作，秦某未经其允许将其列为第二作者，违反《高等学校预防与处理学术不端行为办法》第二十七条第（四）项，构成“未经他人许可而不当使用他人署名，虚构合作者共同署名”行为，客观上利用其导师在业内影响力，应区分情节轻重，依据《纪律处分条例》第一百四十九条（不正确履行职责，造成损失或者不良影响的）等规定予以处理。鉴于情节轻微，且获得对方谅解，可给予秦某第一种形态处理措施。

我们同意第二种意见。

依法开展学术研究是高校教师基本工作准则。即在自己的作品上使用他人姓名，应当经过署名人同意。这主要是因为，署名作者应当是相关作品的实际参与创作，挂名行为本质上是学术作假。有的作者为提高作品知名度，擅自添加知名度较大的学者作为作者，系典型借力行为，侵犯他人的姓名权甚至名誉权。本案例中，秦某明知自己影响力不够，为扩大影响力在其专著上添加导师姓名，违反《高等学校预防与处理学术不端行为办法》第二十七条第（四）项，构成“虚构合作者共同署名”行为。虚构署名行为，侵犯的是复杂客体，既侵犯他人姓名权，也违反学术道德操守，同时系欺骗读者行为。即便秦某专著质量较好，多次获奖，也不影响其侵权的事实，仍构成违反工作纪律。需要说明的是，如得到被署名人事后同意或接受道歉，在处理时可作情节考量。

实践中，对于学术不端行为，需要根据不同违规情形的具体表现及后果影响等因素定性。具体而言，主要有以下几种情况：

1. 违反工作纪律。学术不端行为大多系履行教学科研职责，故可依据《纪律处分条例》第一百四十九条（不正确履行职责，造成损失或者不良影响的）予以处理。

2. 违法行为。学术不端行为违反知识产权法等法律法规，如本案例中秦某在其导师未参加创作情况下以导师名义署名，违反《中华人民共和国著作权法》第十四条“两人以上合作创作的作品，著作权由合作作者共同享有。没有参加创作的人，不能成为合作作者”等规定，在未构成犯罪情况下，适用《纪律处分条例》第三十条规定处理。

此外，对非管理岗的高校教职工来说，如给予高校内部、教育主管部门内部处分的，依据违反党的纪律定性对应的处分予以分类，依据《事业单位工作人员处分规定》第二十一条第一款第（二）项（有抄袭、剽窃、侵吞他人学术成果，伪造、篡改数据文献，或者捏造事实等学术不端行为）处理。

3. 涉嫌犯罪行为。主要涉嫌侵犯著作权罪。如学术不端行为具体表现为以营利为目的，未经著作权人许可复制发行其文字、音像、计算机软件等作品，出版他人享有独占出版权的图书，未经制作者许可复制发行其制作的音像制品，制作、展览假冒他人署名的美术作品，违法所得数额较大或者有其他严重情节的行为，可依据《刑法》第二百一十七条定罪处罚。

在行为人构成违纪违法情形下，可依据《纪律处分条例》《政务处分法》《事业单位工作人员处分规定》等规定作出处分。同时，依据《高等学校预防与处理学术不端行为办法》第二十七条规定，高等学校应当根据学术委员会的认定结论和处理建议，结合行为性质和情节轻重，依职权和规定程序对学术不端行为责任人作出如下处理：通报批评；终止或者撤销相关的科研项目，并在一定期限内取消申请资格；撤销学术奖励或者荣誉称号；辞退或解聘；法律、法规及规章规定的其他处理措施。此外，学术不端行为责任人获得有关部门、机构设立的科研项目、学术奖励或者荣誉称号等利益的，学校应当同时向有关主管部门提出处理建议。

【需要注意的问题】

☞ 学术不端行为具体表现形式

根据《高等学校预防与处理学术不端行为办法》第二十七条规定，学术不端行为主要包括以下情形：

1. 剽窃、抄袭、侵占他人学术成果。以学术论文为例，主要表现在大量粘贴、复制他人论文等研究成果，未注明他人成果具体来源。

2. 篡改他人研究成果。指在他人已完成的研究成果基础上，对相关论点、论据及结论等进行修改。

3. 伪造科研数据、资料、文献、注释，或者捏造事实、编造虚假研究成果。如未经实验或验证，编造、伪造相关数据。

4. 未参加研究或创作而在研究成果、学术论文上署名，未经他人许可而不当使用他人署名，虚构合作者共同署名，或者多人共同完成研究而在成果中未注明他人工作、贡献。本案例中，秦某未经导师同意而署名即属于此类情形，至于署名后，专著质量是否过硬不影响违规性质的认定。

5. 在申报课题、成果、奖励和职务评审评定、申请学位等过程中提供虚假学术信息。如提供伪造的论文、研究成果等材料。

6. 买卖论文、由他人代写或者为他人代写论文。

7. 其他根据高校或者有关学术组织、相关科研管理机构制定的规则，属于学术不端的行为。

此外，《高等学校预防与处理学术不端行为办法》第二十八条明确规定了学术不端的情节严重具体情形，包括：造成恶劣影响的；存在利益输送或者利益交换的；对举报人进行打击报复的；有组织实施学术不端行为的；多次实施学术不端行为的；其他造成严重后果或者恶劣影响的。

☞ 关于取证思路及认定程序

以本案例中秦某行为为例，需要调取以下材料：一是秦某及其导师李某言词证据，证明秦某撰写著作过程、秦某在著作上署李某姓名的动机、李某是否参与研究或创作、李某得知被秦某署名后的态度等。二是调取出版合同等材料。需要说明的是，学术不端政策性较强，不少涉及专业知识，且有其严格的认定程序。如根据《高等学校预防与处理学术不端行为办法》第十五条等规定，学校学术委员会有权对相关行为人构成学术不端进行调查和认定。所以，在一般情况下应当将秦某是否构成学术不端行为交由学校学术委员会按程序作出认定。具体程序为：学校有关部门受理举报或依职权启动调查、交学术委员会组织调查（调查可通过查询资料、现场查看、实验检验、询问证人、询问举报人和被举报人等方式进行。调查组认为有必要的，可以委托无利害关系的专家或者第三方专业机构就有关事项进行独立调查或者验证）、作出调查报告、集体研究后认定是否构成学术不端、处理、复核等程序。其中，调查过程中，出现知识产权等争议引发的法律纠纷的，且该争议可能影响行为定性的，应当中止调查，依法通过行政处理、仲裁和民事诉讼等方式解决，待有关争议解决后重启调查。

17
滥用学术资源和学术影响行为

【典型案例】

胡某，中共党员，某大学博士生导师、机电学院院长。胡某系机电领域知名专家，学术造诣很高。

张某，该大学副教授，从事机电研究工作。

胡某与张某均系该省机电协会会员。胡某系协会副理事长，张某系理事，但两人多次因课题研究、协会管理等问题积怨较深。2024 年 1 月，省机电协会进行换届，张某拟被提名为副理事长。胡某得知后，利用其副理事长、学术权威等身份，通过面谈、电话等形式与相关会员单位联系，要求会员代表在选举中不要投票给张某，主要理由是其学术水平不够、人品不好等。后张某落选副理事长，造成严重不良影响。

【案例评析】

关于胡某上述行为的定性，主要有以下三种意见：

第一种意见认为，胡某的行为不构成违规。胡某的行为虽有不妥，但其作为协会副理事长和会员，不同意张某当选即便出于个人恩怨，也是其会员权利的体现，不应认定为违规。

第二种意见认为，胡某的行为违反工作纪律。胡某出于私怨，不正当履行机电协会副理事长职权，违规干预协会选举工作，违反工作纪律，应依据《纪律处分条例》第一百四十九条（不正确履行职责，造成损失或者不良影响）定性处理。

第三种意见认为，胡某的行为滥用学术资源和学术影响，违反组织纪律。胡某利用副理事长职权，违反机电协会章程等相关规定，私下串通、授意他人不要投票给张某，应依据《纪律处分条例》第八十三条第一款第（三）项（在选举中进行其他违反有关章程活动）规定予以处理。

我们同意第三种意见。

高校教师学术资源和学术影响不是私人财产，均依托于所在高校资源和组织给予的平台，应当审慎使用，不得滥用。本案例中，胡某借助高校平台，担任机电协会副理事长后，为一己之私打压他人，利用自己的学术资源和职权，违反协会选举规定，秘密串通，肆意扰乱协会选举秩序，破坏协会选举的公正性，直接导致他人不当落选的后果，显属违规。《纪律处分条例》第八十三条第一款第（三）项规定，在选举中进行其他违反有关章程活动，选举范围不限于体制内的干部选拔任用，从条文“违反有关章程活动”表述看，包括违反社会团体章程等规定开展非组织活动，故胡某的上述行为可依据该条处理。

滥用学术资源和学术影响具体表现形式较为复杂多样，要结合行为人的岗位、身份，滥用行为的具体表现、后果影响等情况予以定性，故相关行为涉及六大纪律和违法、涉嫌犯罪。以利用学术资源和学术影响推销商品并获得利润为例，如数额不大、且未利用行政职权等公权力，一般认定为违规从事营利活动，违反廉洁纪律。如在利用学术资源和学术影响之前推销的同时，同时利用学校管理等职权推销，致使国家利益遭受重大损失的，涉嫌国有事业单位滥用职权罪，可依据《刑法》第一百六十八条处理。

【需要注意的问题】

☞ 高校教师滥用学术资源和学术影响行为具体表现形式

实践中，滥用学术资源和学术影响行为主要包括以下情形：

1. 利用学术资源和学术影响从事经营活动。有的专家学者利用学术影响，与相关企业合作或自行创办实体，以所谓的产学研一体要求，推销产品获得利润。有的干预学校教材采购、后勤管理等工作。

2. 利用学术资源和学术影响力谋取人事利益。如有的专家利用师生、同行、业内人士等关系向有关领导干部打招呼，为他人职务调整、调动等。有的利用学术资源运作、拉票等为自己获得荣誉、地位等助力。

3. 利用学术资源和学术影响干扰、控制相关行业协会、社会团体等。有的利用职权或学术影响，搞学术霸凌，如违规修改行业标准、强行体现自己学术观点和意图。有的为巩固自己的学术地位，排除异己，干预选举。如本案例中，胡某为发泄不满，利用协会副理事长和自己业内权威，干预会员选举权，导致张某落选。

4. 利用学术资源和学术影响力干预所在单位教学活

动，系不正确履行职责行为，违反工作纪律等。

此外，对非管理岗的高校教职工来说，如给予高校内部、教育主管部门内部处分的，依据违反党的纪律定性对应的处分予以分类，根据行为是否涉及组织人事纪律、学术资源影响力等因素，分别依据《事业单位工作人员处分规定》第十七条第一款第（二）项（在事业单位选拔任用、公开招聘、考核、培训、回避、奖励、申诉、职称评审等人事管理工作中有违反组织人事纪律的行为）、第二十一条第一款第（三）项（利用职业身份进行利诱、威胁或者误导，损害他人合法权益的）等规定处理。

☞ 关于取证思路及认定程序

以本案例中胡某行为为例，需要调取以下材料：一是胡某、张某及胡某打招呼对象等人的言词证据，证明胡某、张某两人交恶背景、经过、胡某打招呼的具体人员、方式及具体内容等；上述行为人在高校岗位、协会身份、任职等材料。二是调取机电协会章程、选举规定等材料，证明胡某违规打招呼行为违反章程和选举办法等具体规定。三是造成恶劣影响的证据，如舆情、会员评价等。

18
违规制发学历证书行为

【典型案例】

胡某，中共党员，某大学教务处工作人员。胡某系该校毕业生，毕业后留校工作。

张某，系胡某的大学同学，与其私交较好。

胡某在该大学负责经办毕业证的制作和发放工作。张某因毕业后保管不当毕业证遗失，为此找到胡某，请求补办毕业证。但《普通高等学校学生管理规定》第三十八条规定，学历证书和学位证书遗失或者损坏，经本人申请，学校核实后应当出具相应的证明书，不能补办毕业证。胡某出于面子，考虑到张某毕业时间不长，使用留存空白的毕业证，按照原来的编号，重新制作一份毕业证给张某，造成严重不良影响。

【案例评析】

关于胡某上述行为的定性，主要有以下两种意见：

第一种意见认为，胡某的行为不构成违规。张某系该大学毕业生，因为毕业证遗失才申请补办，胡某按照原来证书编号并调取原来毕业证照片电子版重新制作，虽然不当，但所有的信息都是真实的，不宜认定为违规。

第二种意见认为，胡某的行为构成违纪。张某的毕业证书遗失，胡某应当按照规定为其出具学历证明书，而不是套用空白毕业证私自制发毕业证书，上述行为系不正确履行行为，违反工作纪律，应当依据《纪律处分条例》第一百四十九条规定处理。

我们同意第二种意见。

学历证书是高校依法制发的重要文书，是确认高校毕业生学历的重要依据，关系到每一名毕业生求职、入学等切身利益。《关于当前加强高等学校学历证书规范管理的通知》第六条明确规定，高等学校对颁发和管理学历证书负有直接责任，要严格按照本通知所规范的内容和要求填写、颁发毕（结）业证书。可见，学历证书的制发、补办等具有严格的程序和要求。高校教师私自制发毕业证书，即便信息是真实的，因制作程序违规，仍系不正确履职行为。本案例中，胡某身为教务处工作人员，熟悉学历证书制发、管理等规定，张某的毕业证书遗失，胡某后应当根据其申请，按照规定为其出具学历证明书，而不能套用空白毕业证私自制发毕业证书，破坏学历证书管理秩序，给该校学历证书管理工作带来隐患，故违反工作纪律，并按程序将违规发放的毕业收回后作废。

实践中，违规制发学历证书行为具体表现形式多样，需结合违规表现、具体手段和影响等因素定性。具体而言，主要有以下几种：

1. 违纪行为。区分具体违纪情形，大多适用《纪律处分条例》第八十六条第二款（弄虚作假，骗取学历、学位的）。在具体审核、制发毕业证书等学历证书工作中，因工作失误、政策理解不到位等因素不正确履行职责的，适用《纪律处分条例》第一百四十九条规定处理。因违规制发行为破坏高校事业发展和教学环境，产生恶劣政治影响的，适用《纪律处分条例》第七十四条（落实“两个责任”不力）等规定，可视情节和后果追究党委和纪委及其负责人的责任。

2. 违法行为。针对非党员干部，上述违纪行为均可评价为职务违法，并追究政务责任。此外，伪造档案、业绩等申报材料，可依据《治安管理处罚法》第五十二条第（二）项（买卖或者使用伪造、变造的国家机关、人民团体、企业、事业单位或者其他组织的公文、证件、证明文件）等规定予以处理，未超过治安处罚六个月追责时效的，移交公安机关处理。

此外，对非管理岗的高校教职工来说，如给予高校内部、教育主管部门内部处分的，依据违反党的纪律定性对应的处分予以分类，如违反工作要求的，依据《事业单位工作人员处分规定》第十八条第（二）项（破坏正常工作秩序，给国家或者公共利益造成损失）处理。

3. 涉嫌犯罪行为。如利用职权帮助他人违规获得毕业证书，收受他人财物，且数额较大的，涉嫌受贿犯罪；教职工伪造、变造学籍、成绩等材料帮助他人获得毕业证书，达到刑事案件追诉标准的，依据《刑法》第二百八十条（伪造、变造、买卖国家机关公文、证件、印章罪）规定处理，处三年以下有期徒刑、拘役、管制或剥夺政治权利，并处罚金；情节严重的，处三年以上十年以下有期徒刑，并处罚金。涉嫌伪造公司、企业、事业单位、人民团体印章罪的，依据《刑法》第二百八十条规定处理。

此外，依据《教育法》第八十二条、教育部《关于当前加强高等学校学历证书规范管理的通知》等规定，国家和省级教育行政部门要加强对高等教育学历证书的监督与管理，严格学历证书电子注册制度。对违规操作、滥发学历证书的高等学校，要追究有关人员的责任，可对直接负责的主管人员和其他直接责任人员，依法给予处分。同时，由教育行政部门宣布证书无效，责令收回或者予以没收；情节严重的，取消其颁发证书的资格。如本案例中，可按规定收回张某补办的毕业证书，如其系党员或公职人员的，应当将线索移交有关党组织或单位，由其按规定处理。

【需要注意的问题】

☞ 关于高等学校学历证书种类

依据《普通高等学校学生管理规定》第三十二条、第三十三条规定，高校学历证书主要有以下几种：

1. 毕业证书。学生在学校规定学习年限内，修完教育教学计划规定内容，成绩合格，达到学校毕业要求的，学校应当准予毕业，并在学生离校前发给毕业证书。符合学位授予条件的，学位授予单位应当颁发学位证书。

2. 结业证书。学生在学校规定学习年限内，修完教育教学计划规定内容，但未达到学校毕业要求的，学校可以准予结业，发给结业证书。

3. 肄业证书。对退学学生，学校应当发给肄业证书或者写实性学习证明。

☞ 违规制发学历证书行为具体表现形式

依据《普通高等学校学生管理规定》第十八条、第三十二条和《高等学校学生学籍学历电子注册办法》第二十五条至第二十七条规定，违规制发学历证书行为的具体表现主要包括以下情形：

1. 未修完教育教学计划规定内容，或者考试、考核成绩不合格的。如应当完成必修课，未完成，或者选修课未达到发放毕业证、学位证要求的最低学分要求的。有的考试、考核成绩、论文答辩不合格，均不符合毕业证发放要求。

2. 为获得毕业资格，涂改或删改学生的学业成绩和学籍档案等。如有的学生严重违反考核纪律或者作弊的，该课程考核成绩记为无效，并应视其违纪或者作弊情节，给予相应的纪律处分。给予警告、严重警告、记过及留校察看处分的，经教育表现较好，可以对该课程给予补考或者重修机会。但有的隐瞒上述事实，未经补考即协调相关授课老师出具补考成绩，甚至在学籍学历信息系统中直接添加考试成绩。

3. 结业后违规安排补考等程序，导致违规发放毕业证等。根据《普通高等学校学生管理规定》第三十二条规定，学生因未达到毕业要求结业后，有的学校规定可以通过补考、重修或者补作毕业设计、论文、答辩，再颁发毕业证书、学位证书。这实际上是给予结业学生补发毕业证书的一次机会，但有的违规操作，在补考、重修等程序中弄虚作假、降低标准或者收受高额补考费后“拉闸放水”，无论补考成绩高低一律发放毕业证书等。

4. 违反学籍学历电子注册办法，采取弄虚作假等手段帮助或者失职渎职导致学生违规获得毕业证书等。依据《高等学校学生学籍学历电子注册办法》第二十七条规定，以虚假信息注册学籍学历，以及因密钥、密码管理不善造成学生信息违规变更，导致相关学生违规获得毕业证书等学历证明。

5. 其他违规行为。如本案例中，胡某身为教务处工作人员，违反《高等学校学生学籍学历电子注册办法》《关于规范高等学校学历证书有关事项的通知》等相关规定，徇私舞弊为他人补办毕业证书。

☞ 关于取证思路

以本案例为例，主要调取以下证据：一是调取胡某与张某的言词证据，核实两人关系、补办毕业证具体合意形成、办理过程、张某使用补办毕业证情况等事实。二是调取补办的毕业证书原件、胡某在教务处具体职责情况、张某原来毕业证信息等书证材料。

19
违规招生行为

【典型案例】

齐某，中共党员，某大学物理学院教师，担任该校2024年度硕士研究生入学考试专业课《普通物理学》科目的命题人和招生联系人。齐某的高中同学文某找到齐某，称同事的孩子小朱当年报考该校物理学院，请托齐某辅导。因齐某与文某系发小，私交很好，碍于情面齐某只得答应。在开考前一周，齐某辅导小朱，将自己所出的题目以考点串讲等形式辅导小朱。经查，齐某没有收受文某和小朱财物，小朱也未考取该校，但齐某私下辅导等行为造成严重不良影响，被其他考生投诉至学校招生办。

【案例评析】

关于齐某上述行为的定性，主要有以下两种意见：

第一种意见认为，齐某的行为不构成违规。齐某以串讲考点的形式辅导小朱，并未直接泄露考题，且该门课考试成绩也证明，小朱并未实际受益。

第二种意见认为，齐某的行为违反工作纪律。齐某身为该校专业课命题教师，本应遵守保密等工作规定，但碍于情面以“辅导”之名行徇私舞弊之实，应依据《纪律处分条例》第一百四十九条（不正确履行职责，造成损失或者不良影响）定性处理；构成犯罪的，依据《纪律处分条例》第二十九条（纪法衔接）等规定处理。

我们同意第二种意见。

招生是否公平公正，关系到广大考生切身利益。高校教师在招生中利用职权为相关人员谋取竞争优势，严重损害教育公平。本案例中，齐某作为专业课命题教师，理应遵守保密规定，严禁泄露或变相泄露考题及相关知识点。齐某辅导小朱，将自己所出的题目以考点串讲等形式辅导小朱，系变相泄露考题行为，系不正确履职行为。如情节严重，根据主观动机和行为表现，涉嫌《刑法》第二百八十四条之一规定组织考试作弊罪或非法出售、提供试题、答案罪等犯罪。需要说明的是，如齐某未参与命题，凭借自己业务专长和经验对小朱进行辅导的，即便命中考题，也不构成违纪违法。

从违纪和违法角度看，高校招生考试违规行为大多属于违反工作纪律，依据《纪律处分条例》一百四十九条(不履行或者不正确履行职责，造成损失或者不良影响的)、第三十条（违反国家法律法规）等规定予以处理。在涉嫌犯罪方面，应严格按照刑法，以及最高人民法院、最高人民检察院《关于办理组织考试作弊等刑事案件适用法律若干问题的解释》等有关规定，及时移送司法机关追究法律责任。

此外，对非管理岗的高校教职工来说，如给予高校内部、教育主管部门内部处分的，依据违反党的纪律定性对应的处分予以分类，如违反工作要求，依据《事业单位工作人员处分规定》第十八条第（二）项（破坏正常工作秩序，给国家或者公共利益造成损失）处理。

在招生工作中，因违规行为造成严重后果和恶劣影响的，除追究直接负责人的责任外，还应当根据领导干部问责的相关规定，对有关责任人实行问责。如对因教育行政部门、招生考试机构、高校疏于管理，造成考场秩序混乱、作弊情况严重、招生违规严重的党员，依照《问责条例》等对直接责任人和负有领导责任的人员，依纪依规进行严肃追责问责。对高校及其主管部门来说，实行高校招生工作问责制。高校校长、招生考试机构主要负责人、教育行政部门主要负责人是招生工作的第一责任人，对本校、本部门、本地区的招生工作负全面领导责任。

【需要注意的问题】

☞ 违规招生行为具体表现形式

依据《普通高等学校招生违规行为处理暂行办法》第二章“违规行为认定及处理”相关规定，高校及其教职工、教育主管部门等主体在招生考试中违规行为主要包括以下情形。

1. 高校违规情形及处理

高校违反国家招生管理规定，有下列情形之一的，由主管教育行政部门责令限期改正，给予警告或者通报批评；情节严重的，给予减少招生计划、暂停特殊类型招生试点项目或者依法给予停止招生的处理。对直接负责的主管人员和其他直接责任人员，视情节轻重依法给予相应处分；涉嫌犯罪的，依法移送司法机关处理。

一是发布违反国家规定的招生简章，或者进行虚假宣传、骗取钱财的。

二是未按照信息公开的规定公开招生信息的。

三是超出核定办学规模招生或者擅自调整招生计

划的。

四是违反规定降低标准录取考生或者拒绝录取符合条件的考生的。

五是在特殊类型招生中出台违反国家规定的报考条件，或者弄虚作假、徇私舞弊，录取不符合条件的考生的。

六是违规委托中介机构进行招生录取，或者以承诺录取为名向考生收取费用的。

七是其他违反国家招生管理规定的行为。

2. 招生考试机构违规情形及处理

招生考试机构违反国家招生管理规定，有下列情形之一的，由主管教育行政部门责令限期改正，给予警告或者通报批评。对直接负责的主管人员和其他直接责任人员，视情节轻重依法给予相应处分；涉嫌犯罪的，依法移送司法机关处理。

一是为高校擅自超计划招生办理录取手续的。

二是对降低标准违规录取考生进行投档的。

三是违反录取程序投档操作的。

四是在招生结束后违规补录的。

五是未按照信息公开的规定公开招生工作信息的。

六是对高校录取工作监督不力、造成严重不良后果的。

七是其他违反国家招生管理规定的行为。

3. 省级教育行政部门违规情形及处理

省级教育行政部门违反有关管理职责，有下列情形之一的，由国务院教育行政部门责令限期改正，并可给予通报批评。对直接负责的主管人员和其他直接责任人员，由有关主管部门依法给予处分；涉嫌犯罪的，依法移送司法机关处理。

一是出台与国家招生政策相抵触的招生规定或者超越职权制定招生优惠政策的。

二是擅自扩大国家核定的招生规模和追加招生计划，擅自改变招生计划类型的。

三是要求招生考试机构和高校违规录取考生的。

四是对高校和招生考试机构招生工作监管不力、造成严重不良后果的。

五是其他违反国家招生管理规定的行为。

4. 招生工作人员违规情形及处理

招生工作人员有下列情形之一的，其所在单位应当立即责令暂停其负责的招生工作，由有关部门视情节轻重依法给予相应处分或者其他处理；涉嫌犯罪的，依法移送司法机关处理。

一是违规更改考生报名、志愿、资格、分数、录取等信息的。

二是对已录取考生违规变更录取学校或者专业的。录取后按学校规定，通过考试或调剂安排转专业的，不构成违规。

三是在特殊类型招生中泄露面试考核考官名单或者利用职务便利请托考核评价的教师，照顾特定考生的。

四是泄露尚未公布的考生成绩、考生志愿、录取分数线等可能影响录取公正信息的，或者对外泄露、倒卖考生个人信息的。

五是为考生获得相关招生资格弄虚作假、徇私舞弊的。其中，弄虚作假指通过伪造材料、隐瞒事实方式获得招生资格；徇私舞弊指出于私情私利违规招生等。

六是违反回避制度，应当回避而没有回避的。

七是索取或收受考生及家长财物，接受宴请等可能影响公正履职活动安排的。

八是参与社会中介机构或者个人非法招生活动的。

九是其他影响高校招生公平、公正的行为。如本案例中，齐某以串讲形式变相泄露考题，显属违规行为，至于考生是否获益和是否实际录取不影响事实认定。

☞ 关于取证思路及认定程序

以本案例为例，需要调取以下材料：一是齐某、文某、文某的同事及其子小朱等人的言词证据，证明齐某辅导小朱的起因、动机、经过等事实。二是调取书证，包括齐某担任命题人、招生联系人及小朱考试试题、成绩等，证明齐某串讲考点事实及后果影响。

《普通高等学校招生违规行为处理暂行办法》第十五条规定，出现上述违规情形的，有关主管部门应当立即启动相关程序，进行调查处理。情节严重、影响恶劣或者案情复杂、社会影响大的，应当及时上报，必要时由国务院教育行政部门参与或者直接进行处理。在于舆情引发的，注意做好舆情引导、相关家长和学生安抚工作。

20

违规评聘职称行为

【典型案例】

钱某，中共党员，某学院党委书记。

张某，该学院作为人才引进的某重点学科博士研究生、副教授。

钱某非常欣赏张某的科研能力，曾多次承诺破格给予张某教授岗位。根据人社部《关于进一步做好职称评审工作的通知》及学院相关规定，副教授晋升教授需要满五年，如在取得重大基础研究和前沿技术突破、解决重大工程技术难题或在经济社会各项事业中作出重大贡献的专业技术人才，可破格晋升。此外，年均教学课时需不少于80学时。张某入校后科研水平较高，符合上述科研标准，但忙于行政和科研事务，教学时间未达到上述标准。钱某授意张某参加竞聘，协调学校教务处调整张某授课时长，并向评审委员会打招呼，后张某顺利被评为教授。经查，未发现钱某与张某之间存在不正当经济往来，但前述行为造成严重不良影响，多名教师以评聘不公为由向省教育厅投诉。

【案例评析】

关于钱某上述行为的定性，主要有以下两种意见：

第一种意见认为，钱某的行为不构成违规。张某科研水平较高，符合破格条件。年均教学课时不足，也是因为其忙于科研和行政事务导致，晋升教授也算实至名归。所以，钱某对张某破格晋升教授行为不构成违规。

第二种意见认为，钱某的行为构成帮助他人违规聘任。高校的教学和科研工作是一体两翼关系，将年均教学课时纳入评审条件，目的在于引导广大教师专心教学这一本职工作，防止“轻教学、重科研”。钱某明知张某的教学课时不符合晋升教授条件，仍然帮助张某竞聘，违反该校关于竞聘相关规定，可依据《纪律处分条例》第八十六条（在职工职称评聘等工作中，隐瞒、歪曲真相，或者利用职权或职务上的影响违规为本人或他人谋取利益）等规定处理。

我们同意第二种意见。

高校职称评定涉及广大教职工切身利益，应当依法公开公正进行。本案例中，钱某为兑现帮助张某破格晋升教授承诺，公然违背公平公正原则，明知张某的年均教学课时未达到80学时要求，利用职权或职务影响，通过打招呼等方式，协调学校教务处调整张某授课时长，并向评审委员会打招呼，帮助张某晋升教授，造成不良影响。钱某的行为表面上是爱才表现，实际上违背组织人事纪律，对其他参评教师来说，挤占教授职称指标，挫伤他人工作积极性，损害对组织人事工作的公正性。尤其恶劣的是，钱某通过授意他人弄虚作假方式实现违规帮助张某竞聘的目的，违反了组织纪律。

实践中，违规评聘职称行为涉及多个不同性质的错误，可根据行为人具体动机、具体表现情形、后果影响等予以把握。其中，违纪行为大多适用《纪律处分条例》第八十六条（在职工职称评聘等工作中，隐瞒、歪曲真相，或者利用职权或职务上的影响违规为本人或他人谋取利益）。如违反议事规则，个人决定职称评定方案、具体标准等面上工作，适用《纪律处分条例》第七十七条第（二）项、第（三）项处理。在具体评审工作中，因工作失误、政策理解不到位等因素不正确履行职责的，适用《纪律处分条例》第一百四十九条规定处理。因评审中违规违纪问题多发，严重损害干部选拔、职称评审秩序，破坏高校事业发展环境，产生恶劣政治影响的，反映出政治意识和“一岗双责”意识弱化，适用《纪律处分条例》第七十四条（落实“两个责任”不力）等规定，追究党委和纪委及其负责人的责任。

非党员干部，上述违纪行为均可从违法角度追究政务等责任。对非管理岗的高校教职工来说，如给予高校内部、教育主管部门内部处分的，依据违反党的纪律定性对应的处分予以分类，依据《事业单位工作人员处分规定》第十七条（在事业单位职称评审等人事管理工作中有违反组织人事纪律行为）处理。此外，伪造档案、业绩等申报材料，构成《治安管理处罚法》第五十二条第（二）项（买卖或者使用伪造、变造的国家机关、人民团体、企业、事业单位或者其他组织的公文、证件、证明文件的）等规定予以处理，未超过治安处罚六个月追责时效的，移交公安机关处理。

此外，利用职权帮助他人违规评定职称，收受他人财物的，且数额较大，涉嫌受贿犯罪。有的伪造业绩材料参加评审的，达到刑事案件追诉标准的，依据《刑法》第二百八十条，即伪造、变造、买卖国家机关公文、证件、印章罪的规定处理，处三年以下有期徒刑、拘役、管制或剥夺政治权利，并处罚金；情节严重的，处三年以上十年以下有期徒刑，并处罚金。有的还涉嫌伪造公司、企业、事业单位、人民团体印章罪，依据《刑法》第二百八十条规定处理。上述受贿与伪造、变造、买卖国家机关公文、证件、印章行为系同一人的，可数罪并罚。

实践中，要加强违规行为的监管和后续处理，发挥以案治本作用。依据《高校教师职称评审监管暂行办法》等规定，切实把师德评价放在首位，实行师德师风和学术道德“一票否决”。高校教师职称评审中申报教师一旦被发现弄虚作假、学术不端等，按国家及学校有关规定处理。因弄虚作假、学术不端等通过评审聘任的教师，撤销其评审聘任结果，如本案例可取消张某的评审聘任结果。此外，要完善评审专家遴选机制，对违反评审纪律的评审专家，应及时取消评审专家资格，列入“黑名单”；对高校和院系党政领导及其他责任人员违纪违法，利用职务之便为本人或他人评定职称谋取利益，按规定处理。要压实主管部门责任，如高校因评审工作把关不严、程序不规范，造成投诉较多、争议较大的，教育、人社部门及高校主管部门要给予警告，并责令限期整改。对整改无明显改善或逾期不予整改的高校，暂停其自主评审资格直至收回评审权，并进行责任追究。

【需要注意的问题】

☞ 违规评聘职称行为具体表现形式

高校职称评定应当依法公开公正进行。依据《高校教师职称评审监管暂行办法》等规定，职称评审中违规情形主要包括以下情形：

1. 擅自降低评审标准。破格提拔标准，仅限于取得重大基础研究和前沿技术突破、解决重大工程技术难题或在经济社会各项事业中作出重大贡献的专业技术人才，但个别高校以各种方式变通破格晋升条件。

2. 弄虚作假伪造材料参加评审。高校专业技术人员申报职称，应当对照评审条件递交材料，且确保所有申报材料真实、有效。有的高校规定，在教科研成果方面，将教授任职资格评审条件设定为在国内核心学术期刊上发表教研或学术论文4篇（其中至少1篇发表在本专业核心学术期刊或国家权威学术刊物上，或被上述检索收录或刊物全文转载），或在CSSCI来源期刊（不含扩展版）发表学术论文3篇，以及主持完成省部级科研项目1项等。但有些教师采取弄虚作假手段伪造业绩材料，有的安排他人代写论文、花钱买版面出版，甚至伪造材料。

3. 超职数安排，因人设岗。依据《高校教师职称评审监管暂行办法》等规定，各校要按照国家和所在省有关规定制订岗位设置方案和管理办法，在岗位结构比例内自主组织职称评审、按岗聘用。但有的超过上级主管部门核定的职称数量，擅自增加指标违规聘任；有的在基本条件外，内定人选，量身打造标准，擅自增加资格条件以排除竞争。

4. 违反程序规定和评审纪律要求。高校职称工作应当坚持公开、公平、公正的原则，实行业内评审、同行评价。一般程序为：职称评审相关信息公开、个人申报并签署《申报专业技术资格诚信承诺书》、院（系）材料审核及公示和推荐、学校受理和审核材料、评委会（聘委会）评聘、评审结果公示并确认等。高校应当严格执行职称评审公示制度，应当将申报者的基本资格条件、业绩贡献、师德考核结论意见和评审推荐结果等情况在学校网站（或同时在公告栏内）公示，公示时间不少于 5 个工作日。但有的为了省事或者担心举报影响进度等因素，未按要求公示或故意缩短公示时间；有的高校职称评审专家及相关工作人员未严格遵守回避、保密等评审工作纪律，存在跑风漏气、请客送礼、游说拉票等行为；有的向评审委员会打招呼，本案例中钱某明知张某不符合晋升教授资格，仍积极推荐，并向评审委员会打招呼寻求关照，即属于此种情况。

☞ 关于取证思路及认定程序

以本案例为例，主要调取以下证据：一是钱某的陈述和张某的证言，证明钱某干预张某职称评审工作的动机、方式、具体经过及结果。二是与评审委员会相关成员核实钱某打招呼的具体经过、内容、张某是否符合评审条件、是否影响评审结果。三是调取钱某、张某主体身份材料，尤其注意调取是否担任评聘领导小组负责人材料。根据相关规定，高校自行组建教师专业技术职务评聘领导小组和教师专业技术职务评审（聘任）委员会及学科（专业）评议组，评（聘）委会由高校主要领导负责，设正、副主任若干人，委员不少于17人，由学科（专业）评议组组长、专家组成。校级评审（聘）委员会认真履行评聘的主体责任。院（系）在职数范围内按规定将符合职称评审条件的教师推荐至校级评（聘）委员会。此外，调取张某申报职称的关键材料，尤其是学校关于教授评审条件，张某的实际课时是否达到要求等，印证其违规申报。

21
搞权权交易行为

【典型案例】

洪某甲，中共党员，H 大学党委副书记、副校长。

洪某乙，洪某甲之子，Y 大学学生工作办公室工作人员。

梁某，中共党员，Y 大学党委书记。

2023 年 3 月，洪某甲与梁某在一次教学论坛上相识，互留联系方式后日渐熟悉。2024 年 1 月，在 Y 大学推荐一批处级干部前夕，洪某甲打电话给梁某，请托其关心洪某乙。梁某表示会尽力争取，但这次选拔采取竞聘方式进行，报名人数较多，洪某乙入校时间较短，提拔难度较大。同时，梁某表示，自己的表弟康某从事建筑工程工作，请洪某甲安排 H 大学新校区建设工程的一些附属工程给康某承建。洪某甲当即表示自己负责新校区建设工程，请康某直接与其联系。2024 年 1 月，在梁某的同意下，洪某乙被提任学工办副主任。此后，康某通过挂靠方式承揽了 H 大学新校区食堂土建工程。经查，洪某乙一贯表现突出，在竞聘中面试及业绩考核中名列该批次处级干部选拔人选前列。康某在业内口碑较好，其承建的食堂工程被所在市评为年度优质工程。但洪某与梁某的前述行为造成严重不良影响，多名教师和投标单位向学校主管部门投诉。

【案例评析】

关于洪某甲、梁某上述行为的定性，主要有以下三种意见：

第一种意见认为，两人的行为均不构成违纪。洪某甲、梁某虽然同时向对方提出请托事项，但从后续结果看，无论是洪某乙还是康某，均符合提拔或承揽工程的条件和能力，如将随口打招呼的行为均认定为违纪，会导致打击面过大的问题。

第二种意见认为，洪某甲的行为构成违纪、梁某的行为不构成违纪。其中，洪某甲身为党员干部，明知组织选拔干部具有较强的政治性和组织性，严禁出面打招呼，但其仍然不顾身份为其子提拔晋升谋取利益，即便其子洪某乙符合提任条件，也不影响违纪行为的定性。梁某虽接受洪某甲帮助提拔洪某乙的请托，但只是被动答应，其所发挥的作用仅是同意，违规特征不明显。其为表弟康某承揽工程打招呼，但实际上康某承揽工程经验丰富，所建设的食堂工程被评为优质工程，故梁某行为不构成违纪。

第三种意见认为，洪某甲、梁某行为均构成权权交易行为。其中，洪某甲利用负责新校区建设工程职权为梁某表弟康某承揽学校工程项目谋取利益；梁某利用党委书记主管学校干部工作职权，为洪某乙提拔任用提供帮助。两人行为应当依据《纪律处分条例》第九十五条（相互利用职权或者职务上的影响为对方及其配偶、子女及其配偶等亲属、身边工作人员和其他特定关系人谋取利益搞权权交易）行为处理，即便上述提任工作程序、实体及工程质量并无问题，也不影响上述两人权权交易行为的定性。

我们同意第三种意见。

权权交易是隐形变异的违纪行为，看似隐蔽，但都有迹可循，本质上就是以权换权。本案例中，从主观上看，洪某甲与梁某达成合意，心照不宣互相利用手中职权为对方谋取利益。从客观上看，双方均实施以权谋私行为，在各自单位或领域内，为对方有关事项谋取利益，帮助解决相应请托的问题。即便请托事项依法合规，由于权权交易行为不要求为彼此谋取不正当利益，不影响违纪构成。如本案例中，对洪某甲等人来说，即便相关工程没有质量问题、选拔任用符合程序和组织意图及群众意愿，也不影响上述问题权权交易的性质。

《纪律处分条例》第九十五条将搞权权交易行为纳入纪律惩戒范围，从条文关于“相互利用职权或者职务上的影响为对方及其配偶、子女及其配偶等亲属、身边工作人员和其他特定关系人谋取利益搞权权交易”内容看，认定时需要重点把握以下几点：

一是相互利用职权或职务上的影响。本违纪行为的主体必须是手握公权力的人员，但不要求必须是领导干部或编制内人员，一切与权力运行和行使职权有关系的人员均可构成权权交易行为的主体。同时，权权交易不仅指直接利用职权搞交换，还包括利用职务、岗位形成的影响力为对方谋利。

二是必须体现以权换权的交易性特征。双方在权力交换上、在主观上达成合意或默契，即便未明确表达，也是心知肚明、心照不宣，从常理常识看符合权力交换正常逻辑。客观上各自实施了利用职权或职务影响为对方或特定关系人谋利的行为，至于谋利行为是否达到预期目的在所不论。

三是必须为对方或特定关系人谋利。具体包括对方及其配偶、子女及其配偶等亲属、身边工作人员和其他特定关系人。由于本违纪行为核心和本质特征在于权力的交换，具体谋利对象并非认定的关键要素，故对谋利对象把握不宜过窄，只要行为人提出请托，谋利受益方只要与行为人具有一定的联系均可构成。

实践中，一些行为人之间的关系确实具有亲戚、同学等特殊关系，如双方没有利用职权或职务影响，纯粹通过私人关系谋取利益的，不构成本违纪行为。但需要注意的是，只要双方谋利行为具有职权或职务影响因素，即便双方具有亲戚等关系，也可认定权权交易。对只有一方利用职权为对方谋利，对方并没有谋利打算或采取实际谋利行为，则权权交易特征不够明显，如构成违反工作纪律等行为，按相应行为处理。本案例中，如梁某提拔洪某乙后，洪某甲没有为康某谋取工程建设方面的利益，或者客观上也不具备谋利的可能性，则两人行为不构成权权交易行为。此外，对权权交易行为产生的违纪违法所得，如通过打招呼直接导致他人违规获得干部选拔任用的、获得相关经营利益的，可以根据个案情况予以纠正或追缴。对身处重要岗位、屡教不改或造成恶劣影响的搞权权交易的行为人，纪检监察机关可根据干部管理权限向组织部门或相关党组织建议给予调离、免职等组织处理。

此外，对非管理岗的高校教职工来说，如给予高校内部、教育主管部门内部处分的，依据违反党的纪律定性对应的处分予以分类，依据《事业单位工作人员处分规定》第十九条第（二）项（利用工作之便为本人或者他人谋取不正当利益的）处理。

【需要注意的问题】

☞ 搞权权交易行为具体表现形式

《纪律处分条例》第九十五条未列举搞权权交易行为具体表现形式，实践中此类行为表现形式较为复杂。就高校领域来看，权权交易行为主要包括以下情形：

1. 甲方利用职权或职务影响为乙方特定关系人谋取干部选拔、岗位聘任、入党等组织人事利益，乙方相应为甲方谋取有关利益，如本案例中洪某甲与梁某的上述行为。

2. 甲方利用招生、教学管理职权谋利，如在调换专业、推荐就业、报研、评先评优、奖学金推荐等方面提供帮助，乙方为甲方谋取相应利益。

3. 甲方利用工程建设和大宗物品采购等财务、后勤管理权，如本案例中新校区工程，行为人可通过设定条件、排除竞争、安排分包等形式帮助乙方的特定关系人承揽，乙方为甲方谋取相应利用。

需要说明的是，上述谋取的利益虽不要求是否正当合理，但必须是具有私人或小群体性质的利益。如果双方权力交换的是单位利益，如学校之间合作办学、科研项目等，不宜认定为权权交易行为。

综上，表面上看，具体谋利手段可能构成其他违纪行为，如帮助他人承揽工程的，涉嫌违反廉洁纪律、工作纪律等。但权权交易行为是一种组合型违纪违法行为，在认定权权交易行为要强化系统思维，善于抓住权力之间交易本质、总体把握行为性质，不宜将谋利行为切割分化定性。建议从双方具体身份和职责、是否达成交换合意、是否利用职权或职务影响、谋利的性质和具体内容、谋利的事项是否实际实施及具体结果、是否违背廉洁要求等综合判断。实践中，权权交易行为不要求即时兑现，只要双方合意明确且已付诸实施，即便相关谋利后果延迟兑现或出现，也不影响行为的定性。

☞ 关于取证思路

以本案例为例，应当调取以下证据：一是调取洪某甲、洪某乙、梁某、康某等人言词证据，证实双方交往过程、权权交易的动机、洪某甲和梁某具体达成合意的时间、地点、详细经过、后续谋利事项办理情况等内容。二是相关书证，包括洪某乙与洪某甲父子关系、梁某与康某表兄弟关系材料，洪某乙提拔任职材料、梁某主持干部议题的讨论情况的会议记录（纪要），康某承揽新校区食堂工程的中标通知、挂靠协议等材料。

22

利用学生家长资源谋取私利行为

【典型案例】

牛某，中共党员，A 省某大学国际关系学院教师。经查，2023 年以来，牛某多次通过自己的学生请托家长帮助解决自己及其亲友就业、承揽工程等问题。具体事项如下：一是解决两地分居。牛某的妻弟在 A 省 B 市，但妻弟的配偶在 A 省 C 市，牛某请托学生家长、B 市副市长贺某将其妻弟的配偶调至 B 市。二是推销药品。牛某的舅舅钟某从事药品推销业务，牛某多次通过在卫生医疗系统工作的学生家长帮助推销药品业务。

【案例评析】

关于牛某上述行为的定性，主要有以下三种意见：

第一种意见认为，牛某的行为均不构成违纪。牛某帮助妻弟夫妇解决两地分居，主要是个人私下运作，且两人符合编制内流动条件，即便找领导协调也不宜认定违纪。至于推销药品行为，均严格履行了采购程序，也不宜认定违纪。

第二种意见认为，牛某的行为违反工作纪律。牛某不正当履行教师职责，滥用教师影响力，为自己的亲友谋取私利，应当依据《纪律处分条例》第一百四十九条（不正确履职行为）予以处理。

第三种意见认为，牛某的行为违反廉洁纪律。牛某虽非公职人员，但系事业单位工作人员，对学生来说，具有教育管理权。牛某肆意利用教育管理权，通过学生家长的职权为自己的亲友在人事调动、经营活动方面谋取利益，虽然牛某并非公职人员，但《新时代高校教师职业行为十项准则》第九条将高校教师不得利用家长资源谋取私利等行为归类为“坚守廉洁自律”，故可认定为违反廉洁纪律。

我们同意第三种意见。

家长出于对孩子老师的尊重，对老师提出的要求往往千方百计满足。但对于家长可以提供的资源，不论是具有公权力性质的资源，还是个人自有资源，高校教师都不能借而用之，更不能利用职权、职责捞取利益。本案例中，牛某多次通过自己的学生请托家长帮助解决自己及其亲友就业、承揽工程等问题，违反高校教师廉洁自律规定，损害高校教师形象。如牛某系普通教师，由于牛某谋取的是组织人事利益、承揽工程等竞争优势，均属于不正当利益，可依据《事业单位工作人员处分规定》第十九条第（二）项（利用工作之便为本人或者他人谋取不正当利益的）予以处理。如利益系正当的，对利用教学职权造成不良影响的，具有惩治必要性的，也可依据第（七）项“其他违反廉洁从业纪律的行为”处理。

从《新时代高校教师职业行为十项准则》第九条“不得利用家长资源谋取私利”文义及执纪执法实践看，对利用学生家长资源谋取私利行为的认定需要重点把握以下几点：

一是必须是利用家长资源。要求利用的对象是在校学生的家长，而已毕业学生的家长，由于教师对其缺乏足够制约力，不在本违纪行为规范范围内。

二是必须利用家长的资源。此处的资源范围较广，既包括家长本人职权、职责、岗位及身份等，也包括上述身份带来的便利和影响力；既包括权力资源，如职权、职务等，又可利用家长学术、社会关系、社会影响等资源。

三是教师必须有实际的请托，家长也承诺或实际着手谋取利益。从《纪律处分条例》规定的违纪违法行为构成要素看，大多需要有实际的后果才构成违纪违法，仅有打算或者未产生实际后果的行为，不宜认定违纪。当然，这种实际后果不要求必须完成谋利事项，有的造成恶劣社会影响也可构成违纪。此外，谋利行为是否正当不影响事实的定性。如本案例中，牛某的关于解决妻弟夫妇两地分居、亲友经营活动等请托行为，即便具有合理因素，也不影响定性，但可能对处理结果产生一定影响。

实践中，利用学生家长影响力谋取私利行为，根据行为人的主体和不同的表现情形，涉及纪、法、罪等不同定性。具体而言，主要有以下几种定性：

1. 违纪行为。一是违反政治纪律行为。如结交的家长系政治骗子或者通过家长结交政治骗子，造成不良政治影响的，可依据《纪律处分条例》第七十六条（违反党的优良传统和工作惯例等党的规矩）处理。二是违反组织纪律行为。利用系公职人员的家长职权，为本人或特定关系人谋取组织人事利益。本案例中，牛某为其妻弟夫妇两地分居问题请托学生家长解决，依据《纪律处分条例》第八十六条（违规为本人或其他人谋取组织人事利益）规定处理。对跑官要官行为，依据《纪律处分条例》第八十四条（违反干部选拔任用等行为）规定处理。三是违反廉洁纪律。请托公职人员家长等人为他人经营活动谋利的，如本案例中牛某多次通过在卫生医疗系统工作的学生家长帮助其舅舅钟某推销药品业务，依据《纪律处分条例》第一百零四条（为特定关系人在大宗采购、工程招投标等方面谋利）规定处理。四是违反群众纪律。利用教学职权摊派费用、吃拿卡要等行为，依据《纪律处分条例》第一百二十二条第一款第（一）项（向群众筹资筹劳、摊派费用等行为）规定处理。五是违反工作纪律。主要针对管理岗位的公职人员或者“双肩挑”教师中属于党员领导干部范畴，不正确履行教育管理职责。如通过家长插手、干预项目承发包和司法活动、执纪执法活动的，分别依据《纪律处分条例》第一百四十一条（干预和插手市场经济活动）和第一百四十二条（干预和插手司法活动等）处理。

2. 违法行为。前述利用职权实施的违纪行为，或者高校非党员教师，依据《政务处分法》（公职人员）或《事业单位工作人员处分规定》（非公职人员）等规定，构成职务违法。利用学生家长资源谋取私利，破坏社会秩序，依据《治安管理处罚法》等规定处理。其中，对未超过6个月的追责时效的，按程序移交相关公安机关处理。

3. 谋利行为中收受财物的，涉嫌受贿或利用影响力受贿等犯罪。如高校教师系公职人员，利用学生家长资源为他人谋取利益，收受请托人财物的，符合受贿罪构成要件的，依据《刑法》第三百八十五条、三百八十八条处理。如高校教师系非公职人员的，利用学生家长资源为他人谋取利益，根据不同的表现和证据状况，涉嫌非国家工作人员受贿罪或利用影响力受贿罪，分别依据《刑法》第一百六十三条、第三百八十八条之一处理。

需要说明的是，要结合个案把握好出入错。对偶尔利用学生家长资源谋利，未造成严重后果，情节相对较轻等情形的，可不认定为违纪。对家长没有具体的请托事项，教师与家长因长期交往，较为熟悉，出于私人感情办理一些不违反党纪国法和原则的事宜，也不宜认定为违纪。

【需要注意的问题】

☞ 利用学生家长资源谋取私利行为具体表现形式

《新时代高校教师职业行为十项准则》第九条笼统表述“不得利用家长资源谋取私利”，未列举搞该行为具体表现形式，实践中此类行为表现行为多样，包括但不限于以下情形：

1. 高校教师利用公职人员的家长为其本人或他人谋取组织人事利益或经营利益。比如，请托学生家长解决自己或他人职务、岗位、调动。如本案例中牛某帮助其妻弟夫妇解决两地分居问题。

2. 高校教师利用私营企业主的学生家长谋取经营利益。比如，通过此类家长推销商品、分包工程、拉赞助、摊派费用等，如本案例中牛某多次通过在卫生医疗系统工作的学生家长帮助其舅舅推销药品业务。

3. 高校教师利用学生家长谋取其他利益。比如，协调论文发表、荣誉表彰、子女就业、入学等。教师提出的请托事项，只要涉及教师或其亲友利益，均可视为谋取利益。

需要说明的是，上述谋取的利益虽不要求是否正当合理，但必须是具有私人或小群体性质的利益。如果谋取的是学校或二级单位等合法集体利益、所教学生的合法利益，如科研项目、教学活动、实习安排、按程序和规定推荐学生就业等，不宜认定为违纪行为。

综上，认定利用学生家长资源谋取私利行为，关键在于教师依托对学生的教育监督管理职责，进而授意、安排家长利用自身资源，为教师或其特定关系人谋取私利，从而影响其立德树人形象。

☞ 关于取证思路

以本案例为例，应当调取以下证据：一是牛某及相关学生、学生家长的言词证据，证明牛某请托学生家长谋利的时间、地点、具体事项、办理过程及结果。比如，学生家长通过他人办理的事项，延伸调取相关经办人员证言；涉及教师特定关系人的请托事项，调取牛某的妻弟夫妇证言。二是牛某的教师身份、职责等文件；相关学生及学生家长身份材料、办理具体请托事项的材料；等等。

23

违规组织、接受宴请行为

【典型案例】

项某，中共党员，某大学生命科学学院院长。项某连续多年承担国家级、省级重点课题，每年都获得不少科研经费。2022 年以来，项某多次安排科研团队聚餐，以劳务费等名义列支。此外，项某因项目需要购置设备，与 B 公司建立长期合作关系，违反规定接待亲朋好友、学界同仁时餐饮费用大多在 B 公司报销，并多次接受该公司宴请，因报销费用过多，B 公司多次以违反财务支出规定等为由委婉拒绝，但项某以终止合作为由威胁 B 公司。

【案例评析】

关于项某上述行为的定性，主要有以下两种意见：

第一种意见认为，项某的行为不构成违规。科研经费与行政经费性质不完全相同，根据中共中央办公厅《关于进一步完善中央财政科研项目资金管理等政策的若干意见》中，“改革和创新科研经费使用和管理方式，促进形成充满活力的科技管理和运行机制，以深化改革更好激发广大科研人员积极性”等规定，在使用上具有较大的灵活性。科研团队聚餐、接待同仁、接受采购公司的宴请，均出于顺利推进科研项目的目的，与公务性确有直接关系，故不构成违纪。

第二种意见认为，项某的行为构成违纪。其中，套取科研经费聚餐，构成组织、参加用公款支付的宴请，系公款吃喝行为，应依据《纪律处分条例》第一百一十三条（违规组织、参加用公款支付的宴请）定性处理。将私人接待费用在B公司报销，应依据《纪律处分条例》第一百一十一条（利用职权将应由本人支付的费用由其他单位报销）定性处理。多次接受B公司的宴请，应依据《纪律处分条例》第一百零一条（接受可能影响公正执行公务的宴请）定性处理。

我们同意第二种意见。

私人宴请应当自掏腰包、公私分明，不能慷公家之慨，也不能安排其他单位报销或支付。高校是国家实施

“科教兴国”的庞大生力军，是开展科学研究和技术创新的重要基地。高校的科研经费是科研工作的物质基础，应当依法合规使用。科研经费并非私人财产。实践中，科研经费主要用于支付与科研工作有关的劳务费、设备费及科研工作期间必要的交通、餐饮等费用。本案例中，项某公款私用，将同事间私人聚会等费用以劳务费列支，违反科研经费管理规定，属于假公济私行为。同时，在设备供应方处报销餐饮费，可能影响科研活动的正常开展，显属不当。

实践中，要消除一种误区，即科研经费与一般公款不同，课题组等成员均有较大的支配权。根据中共中央办公厅《关于进一步完善中央财政科研项目资金管理等政策的若干意见》“加强事中事后监管，严肃查处违法违纪问题”“按照精简高效、厉行节约的原则”等规定，对科研经费的管理和使用也应当严格遵守财经法律法规和各单位内部规定，并非课题组私人财物。

需要指出的是，公款吃喝、违规接待问题大多系问责案件。对违规接待的违纪行为，不仅要追究接待方的责任，还应处理被接待方；既要追究违规公务接待的决定者、组织者和参与者，也要追究对违规公务接待负有领导责任的党员领导干部。此外，对违规接待造成挥霍浪费的公款，根据挥霍浪费的对象由接待方和被接待方予以退赔。

【需要注意的问题】

☞ 违规组织、接受宴请行为具体表现形式

违规组织、接受宴请行为涉及《纪律处分条例》多个条款，具体表现形式各异，对高校领域来说，主要包括以下情形：

1. 接受、提供可能影响公正执行公务的宴请

主要表现为高校党员干部接受可能影响教育管理职权的宴请。由于宴请行为中的“可能影响公正执行公务”与收受礼品行为中的“可能影响公正执行公务”本质上并无不同，故应参照中央纪委、监察部《关于各级领导干部接受和赠送现金、有价证券和支付凭证的处分规定》第二条的规定，高校党员干部不得接受下列单位或者个人的宴请：管理和服务的对象，如家长、学生等；主管范围内的下属单位和个人。包括二级学院、系等负责人及相关教职工；外商、私营企业主；其他与行使职权有关系的单位和个人，如有利益制约关系的私营企业主、国有企业、公司，如学校相关项目合作方、承包人、相关商品采购对象等。此外，根据中央纪委公布的指导案例《张某退休

后违规接受宴请案》（2021 年指导性案例第 4 号）精神，党员领导干部在退休后接受退休前管理服务对象的宴请同样构成违规，应适用《纪律处分条例》第一百二十一条（廉洁纪律兜底条款）之规定予以定性处理。综上，违规的关键点在于“可能影响公正执行公务”，综合考虑宴请对象、宴请规格、宴请时间点等综合判断，不要求实际影响公正执行公务，也不要求提出具体请托事项。如本案例中项某多次接受科研设备供应方 B 公司的宴请，可能影响科研设备采购的公正性，故属于违规接受宴请行为，应当依据《纪律处分条例》第一百零一条处理。此外，二十届中央纪委二次全会报告指出，“不吃本级吃下级、不吃公款吃老板”成为新型违规接受宴请行为，应当作为查处重点。

“提供可能影响公正执行公务的宴请”，主要是指党员明知宴请目的、后果可能影响教育管理职权的职权，仍然积极主动向他人提供，即便提供者没有参加，但鉴于为滋生违规请吃行为提供温床，应当与吃请行为一体打击、一并处理。

2. 违规组织、参加用公款支付的宴请

《党政机关国内公务接待管理规定》（以下简称《公务接待规定》）第六条、第七条等规定了公务接待的要求。如接待单位应当严格控制国内公务接待范围，不得用公款报销或者支付应由个人负担的费用。国家工作人员不得要求将休假、探亲、旅游等活动纳入国内公务接待范围。接待单位应当根据规定的接待范围，严格接待审批控制，对能够合并的公务接待统筹安排，无公函的公务活动和来访人员一律不予接待。公务活动结束后，接待单位应当如实填写接待清单，并由相关负责人审签。接待清单包括接待对象的单位、姓名、职务和公务活动项目、时间、场所、费用等内容。实践中，个别高校对上述规定执行不严格，有的伪造公函或填写空白公函，虚构接待事项，进行公款吃喝。对此类行为应当依据《纪律处分条例》第一百一十三条处理。

3. 将个人、配偶等餐饮费用在下属单位、其他单位或者他人支付、报销

有的因财务管理严格无空可钻，利用职权或者职务上的影响力，将应当个人及其亲友的餐饮费用在相关单位或个人处报销或安排支付。实践中，只要支付或报销行为能够排除纯粹的亲戚、朋友、同学等私人关系，与党员干部的职权、职责没有直接关联，客观上相关职权也产生不了影响的，均可视为利用职权或者职务上的影响。如本案例中项某将个人餐饮费用在 B 公司报销，由于该公司系项

某科研项目设备供应方，项某的职权与该公司经营活动存在较大的制约和影响，显然属于利用职权报销，故构成违规，应当依据《纪律处分条例》第一百一十一条第二款处理。

4. 公款吃喝行为

公款吃喝行为历来是党中央重点纠治、广受群众诟病的顽瘴痼疾。二十届中央纪委二次全会报告指出，要紧盯反复性顽固性问题，针对一些地方和单位公款吃喝、“舌尖上的浪费”不时反弹，贪图享受、讲究排场陋习等现象，及时严肃处理，点名道姓通报。主要指有实际公务接待行为存在，但超标准、超范围接待或者借机大吃大喝。公务接待，是指接待相关公务人员来本地、本单位出席会议、考察调研、执行任务、学习交流、检查指导、请示汇报工作等公务活动。公务接待应当坚持有利公务、务实节俭、严格标准的原则，依据《公务接待规定》第十条规定，违规接待主要包括以下情形：

一是餐饮接待超标准、超范围。依据《公务接待规定》第十条规定，接待对象应当按照规定标准自行用餐。确因工作需要，接待单位可以安排工作餐一次，不允许多次宴请。工作餐应当供应家常菜，不得提供高档菜肴和用野生保护动物制作的菜肴，不得提供香烟和高档酒水，不得使用私人会所、高消费餐饮场所。工作餐不得超过当地公务接待工作餐开支标准。超过上述的标准和规格，即构成“超标准”接待。公务接待中，严格控制陪餐人数。接待对象在10人以内的，陪餐人数不得超过3人；超过10人的，不得超过接待对象人数的1/3。超过上述人数限制，或者安排与接待任务无关的其他人员参与陪餐，如有的邀请其他单位人员或者被接待人亲友、同学陪餐，就属于“超范围”。

二是借公务接待之机大吃大喝。指主观上为了享乐享受，远远超过接待的标准或范围消费高档食材和酒水。建议从主观状态、消费的档次、吃喝的次数、报销方式等综合判断。

三是其他违反公务接待管理规定的行为。主要针对隐形变异的违规接待行为。如增加接待项目，以招商引资(部分地方对所属高校有招商引资考核指标)、国际学术交流等为名变相安排公务接待或超标准、超范围接待等。针对此类问题，《公务接待规定》第二十三条规定，地方政府因招商引资等工作需要，接待除国家工作人员以外的其他因公来访人员，应当参照本规定实行单独管理，明确标准，控制经费总额，注重实际效益，加强审批管理，强化审计监督，杜绝奢侈浪费。严禁扩大接待范围、增加接待项目，严禁以招商引资为名变相安排公务接待。在办理此类案件中，应注意调取招商引资接待标准，通过与接待对象谈话等方式，核实是否存在实际接待行为。

此外，对非管理岗的高校教职工来说，如给予高校内部、教育主管部门内部处分的，依据违反党的纪律定性对应的处分予以分类，鉴于大多系违反廉洁要求，依据《事业单位工作人员处分规定》第十九条第（七）项（其他违反廉洁从业纪律的行为）处理。

☞ 关于取证思路

以本案例为例，应当调取以下证据：一是调取项某及参与宴请人员的言词证据，核实参加宴请的由头、召集者、付款人及其他参与人、时间、地点、次数、宴请档次等具体细节和过程。重点关注是否提出具体请托事项、实际付款者身份及与项某高校领导干部的具体关系，是否存在职权、职责上的制约关系，如是否系项目合作方、投标人、学生或家长等管理服务对象。二是相关书证。包括宴请消费凭证，如预定包厢短信、刷卡记录、支付凭证、菜单；付款人及参与宴请人身份材料，聚焦私营企业主、与项某合作协议、采购设备协议等涉及权力、职权影响制约的书证。

☞ 准确把握错与非错的界限

违规接受宴请行为表现形式多样，根据行为表现分属于不同违纪类型。宴请本是重要社交方式，不可避免具有人情世故、传统礼仪等特征，要把握不同违纪类型的违规点，准确把握错与非错，坚持纪法情理贯通融合的要求，防止扩大打击面。如对公务无关的宴请行为，以及本人到场后发现可能影响公正执行公务，但碍于情面和礼貌难以离开的，领导干部坚持分担或自行支付宴请费用的，通过分担费用等实际行动抵消了可能影响公正执行公务的可能性，不宜认定为违纪。对违规接待，如未动用公款，仅使用个人费用接待的，在未构成其他违纪行为的情况下，不宜认定违纪。如接待对象中有其同学、朋友等熟人，接待方由个人安排餐饮表达情谊的，即使超过公务接待的标准和范围，也不能认定为违纪。

24
违规旅游行为

【典型案例】

江某，中共党员，某学院化学系主任、教授、硕士研究生导师。江某素有旅游爱好，经常在假期呼朋唤友、结伴出游。2024 年 1 月，江某应邀参加在本省 B 市的学术研讨会，江某报学院领导同意后，携两名学生前往 B 市出席。学术研讨会结束后，江某游览了 B 市众多名胜古迹，相关费用均由其个人支付。由于随行的学生陈某家乡在 B 市相邻的 C 市，为尽地主之谊，陈某遂邀请江某前往 C 市游览，江某盛情难却后接受邀请，门票、餐饮等相关费用由陈某的家长支付。

【案例评析】

关于江某上述行为的定性，主要有以下两种意见：

第一种意见认为，江某的行为不构成违规。江某报批后携学生前往 B 市参加研讨会，顺路自费游览当地景点行为，没有公款支付或报销，不宜认定为违纪。江某受同行学生陈某的邀请，顺路去陈某家乡游览，虽然相关费用由陈某的家长支付，但本是出于师生情谊，没有利用职务影响，也不宜认定违纪。

第二种意见认为，江某的行为构成违纪。江某身为党员领导干部和高校教师，参加研讨会虽然已报批，但其参加研讨结束后应当在合理的时间内返回学校，但其随后游览 B 市风景名胜，并接受学生和学生家长的邀请，绕道到邻近的 C 市旅游，相关费用由学生家长支付。上述行为与公职人员和高校教师形象不符，依据《纪律处分条例》第一百零一条（接受可能影响公正执行公务的旅游等活动安排)，可视情节给予相应处理。

我们同意第二种意见。

近年来，随着公款旅游行为查处力度的不断加大，明目张胆用公款支付私人旅游费用行为并不多见。从高校领域通报的案件看，个别党员干部借考察研讨之机旅游问题备受关注。有的刻意参加风景区附近的考察活动，结束后绕道旅游。本案例中，江某的研讨行为虽然合规，但其未及时赶回学校，就地和研讨地附近连续数天旅游，还接受学生家长的旅游和餐饮安排。上述违纪行为有两个：一是对研讨地附近连续几天旅游，由于未按要求及时返回学校，可依据《纪律处分条例》第一百一十五条第一款第（二）项“改变公务行程，借机旅游”规定处理；二是接受学生家长旅游安排，鉴于上述旅游等费用均系家长支付，且江某系公职人员，构成可能影响公正执行公务的宴请和旅游行为。此外，如江某并非系主任等公职人员，可适用《纪律处分条例》第一百二十一条（廉洁纪律兜底条款）处理。

需要明确的是，对违规旅游行为侵占的国家、集体利益，应作为违纪违法所得予以收缴、追缴。对集体违纪行为，处理上要把握好量纪平衡。由于公款旅游行为大多系问责案件，要在查清事实的基础上区分审批者、带队者、参与者的责任。此外，对党员干部将个人或家庭旅游费用在本单位报销行为且数额较大，系利用职务便利侵吞公款且数额较大行为，涉嫌贪污，应当依据《纪律处分条例》第二十九条（纪法衔接条款）处理。鉴于中央八项规定精神系党中央重大决策部署，对因政治站位不高、责任意识淡化，导致本地区、本单位公款旅游问题屡禁不止、易发多发，造成严重政治影响的，可考虑依据《纪律处分条例》第五十六条第二款（落实党中央决策部署不坚决）

规定，对主要负责人、分管负责人予以问责。

实践中，党员干部在未影响正常的公务活动情况下，就地游览当地景区的行为较为常见，如出差期间在处理公务结束后，因行程、交通等因素留有一定的时间，就近参观相关景区。对于此类行为要区分情况处理，根据是否影响公务行程、是否就地就近游览及相关费用、是否用公款支付、是否将相关费用以出差补助等名义报销等因素综合把握。对未实际延长回程时间、费用自付、未造成不良影响的就地游览行为，或事先经过批准，在不影响工作的前提下，利用周末时间就地游览，相关费用自理，均不宜认定为违纪。

【需要注意的问题】

☞ 违规旅游行为具体表现形式

违规旅游行为涉及《纪律处分条例》多个条款，具体表现形式各异，对高校领域来说，具体包括以下情形：

1. 接受、提供可能影响公正执行公务的旅游安排

主要表现为高校党员干部接受可能影响教育管理职权公正行使的旅游安排。由于旅游行为中的“可能影响公正执行公务”与收受礼品行为中的“可能影响公正执行

公务”含义基本一致，故安排旅游的行为人可参照中央纪委、监察部《关于各级领导干部接受和赠送现金、有价证券和支付凭证的处分规定》第二条规定的关于收受礼品的送礼人范围予以确定。具体而言，高校党员干部和公职人员不得接受下列单位或者个人的宴请：管理和服务的对象，如家长、学生等；主管范围内的下属单位和个人。对校领导班子来说，二级学院、系等负责人及相关教职工；对系主任来说，其所管理的教职工；与职责、职权有关系的外商、私营企业主；其他与行使职权有关系的单位和个人如有利益制约关系的私营企业主、国有企业、公司，以及学校相关项目合作方、承包人、相关商品采购对象等。此外，根据中央纪委公布的指导案例《张某退休后违规接受宴请案》（2021 年指导性案例第 4 号）精神，党员领导干部在退休后接受退休前管理服务对象的旅游同样构成违规，应适用《纪律处分条例》第一百二十一条（廉洁纪律兜底条款）规定予以定性处理。综上，违规的关键点在于“可能影响公正执行公务”，综合考虑旅游对象、旅游费用等综合判断，不要求实际影响公正执行公务，也不要求提供旅游的一方必须提出具体请托事项。如本案例中，江某身为系主任和导师，其接受学生家长旅游安排，可能影响公正执行教育职权的特征明显。

需要说明的是，“没有提供就没有接受”，需要注意核实提供旅游安排人的具体身份，如本案例中陈某的家长系党员或公职人员的，提供案例中“可能影响公正执行公务的宴请”的，可依据《纪律处分条例》第一百零一条处理（提供可能影响公正执行公务的旅游安排）。如在旅游中一并提供餐饮的，可一并表述，按本条规定处理。

2. 公款旅游或者以学习培训、考察调研、职工疗养等名义变相公款旅游

一是公款旅游或者以学习培训、考察调研、职工疗养等名义变相公款旅游。《纪律处分条例》第一百一十五条第一款第（一）项对此类违规旅游行为作出了规定。“公款旅游”，指有关单位和个人组织用公款支付旅游费用的行为，此种明目张胆的公款旅游方式，在查处力度不断加大和财务管理的日渐规范背景下已基本绝迹，取而代之的是“变相公款旅游行为”，即披上“学习培训、出差、考察调研、职工疗养、党建活动”等外衣，行公款旅游之实。二十届中央纪委二次全会报告指出，要加大对一些单位借培训考察名义公款旅游等行为查处问责力度。如何判断此类行为，关键在于所谓“学习培训、考察调研”等活动都是虚假或非必要的，用于掩盖公款旅游行为，外出后并无实质性公务活动。如借职工疗养名义公款旅游，根

据《中华人民共和国劳动法》及各级总工会关于职工疗养的规定，只能面向一线职工、特殊岗位等特定群体，但仍组织全员参加，且出入收费景区，与职工疗养目的初衷背道而驰，构成变相公款旅游行为。

二是改变公务行程，借机旅游。主要表现为在有实质性公务活动中，或擅自变更行程、绕道绕远借公务之机游山玩水，或刻意延长出差时间，就地就近参观当地旅游景区，再通过虚报住宿天数和伙食补助等方式报销。如本案例中，江某在 B 市研讨会结束后，未及时回校，而是在 B 市旅游，并专程前往 C 市接受安排旅游，属擅自变更行程旅游行为。

三是参加所管理企业、下属单位组织的考察活动，借机旅游。有的党员干部听说下级有正常的考察等公务活动，以指导为由主动要求参加，实际上借机游山玩水。

四是以考察、学习、培训、研讨、招商、参展等名义变相用公款出国（境）旅游。此种情形主要指在国（境）外变相公款旅游行为，如在上述行为出（国）境过程中，以购买、伪造虚假邀请函或者编造虚假日程等方式不正当方式谋求本人用公款出国（境），或者擅自延长在国（境）外期限、擅自变更路线的，可分别依据《纪律处分条例》第一百四十六条［以不正当方式谋求公款出国

(境)]、第一百四十七条［擅自延长在国（境）外期限］数错并罚。

此外，对非管理岗的高校教职工来说，如给予高校内部、教育主管部门内部处分的，依据违反党的纪律定性对应的处分予以分类，鉴于大多违反廉洁要求，可依据《事业单位工作人员处分规定》第十九条（利用工作之便为本人或者他人谋取不正当利益的；用公款旅游或者变相用公款旅游的）等规定处理。

☞ 关于取证思路

以本案例为例，应当调取以下证据：一是调取江某、同行人员、陈某及其父母等言词证据，证明江某一行借机公款旅游及违规接受旅游安排的时间、地点、行程经过、费用负担等过程。二是调取相关书证、物证，包括江某一行出行的出差及出席研讨会的审批材料、研讨会议程、出行车票、旅游景点费用支付凭证及在相关景区拍摄的旅游照片等。

此外，一些公款旅游行为多系集体决策行为的违纪行为，实践中多以事立案，待查清责任后再按党员干部管理权限报批。取证时要注意调取会议记录、领导签批的方案等材料。对以学习培训、考察调研、职工疗养等为名变相公款旅游行为，考虑到此类行为都是以合规形式呈现出来，大多未按要求形成学习培训总结、调研成果等材料，即使有上述材料，大多系滥竽充数、东拼西凑。在取证中，要注意向相关党员干部核实是否存在上述材料，如有相关成果材料，要及时调取并详细了解材料形成过程，补强变相旅游的证据链条。

25

违规收受学生及家长礼品、礼金行为

【典型案例】

黄某，中共党员，某大学经济管理学院院长。

付某甲，系黄某研究生同学。

付某乙，该大学经济管理学院学生。

2021 年 9 月，付某甲之子付某乙考入该大学经济管理学院工商管理系。此后，每年的春节等年节，黄某 9 次收受付某甲所送的高档烟酒、茶叶等礼品，按市场价估算约 7 万元，黄某也回赠付某甲茶叶等少量礼品，价值约 1000 元。经查，付某甲没有具体的请托事项，只是口头表示感谢老同学对付某乙的关心。黄某也未向有关人员打招呼关照付某乙，仅以个人名义多次与付某乙聊天谈心，了解其思想状况，偶尔小聚。付某乙入学后，一贯表现较好，多次被评为优秀学生，并顺利入党。

【案例评析】

关于黄某收受付某甲财物行为的定性，主要有以下三种意见：

第一种意见认为，黄某的行为不构成违纪。黄某与付某甲系老同学，双方互有赠送礼品行为，且黄某没有利用职权为付某甲父子谋取利益，两人交往属于同学故交之间的正常交往，故不宜认定为违纪。

第二种意见认为，黄某的行为构成受贿。黄某身为付某乙所在的学院领导，对付某乙具有直接的监督管理关系，黄某也明知付某甲是为了儿子付某乙寻求更多的关心，才给予自己财物。鉴于黄某收受的财物价值超过 3 万元，数额较大，已构成受贿。至于黄某是否实际为付某甲父子谋取利益不影响受贿定性。故黄某收受财物的行为，应依据《纪律处分条例》第二十九条（党员有贪污贿赂等行为）定性处理。

第三种意见认为，黄某的行为违反中央八项规定精神和廉洁纪律，系违规收受家长礼品行为，应依据《纪律处分条例》第九十七条第一款（收受可能影响公正执行公务的礼品）定性处理。

我们同意第三种意见。

礼尚往来是中国人的传统，但礼尚往来不是利尚往来，而党员干部不能收受管理服务对象礼品更是廉洁从业的基本操守。本案例中，黄某系党员领导干部，虽然与学生家长付某甲系研究生同学，但付某甲之子付某乙系该大学学生，故两人之间同时系教师与家长关系。黄某收受付某甲价值较大的礼品，由于黄某系公职人员，构成可能影响其公正行使公务收礼行为。黄某也曾回赠付某甲茶叶等少量礼品，由于礼品价值远低于付某甲所送的数万元财物，故不影响违纪行为的认定。如能够确定黄某回赠礼品价值的大致数额，在认定黄某收受礼品价值时，将其回赠的价值予以扣减。

我国是礼仪之邦，在年节和家有喜事大事时，素有以送礼的方式表达心意的习俗。党员领导干部作为普通公民，收受符合传统习俗、不违正常人情往来的礼品、礼金，应当受到法律和纪律的保护，纪法所禁止的是掺杂职权因素的违规收送礼品行为。实践中，存在送礼人既是管理服务对象、私营企业主，双方又确系亲朋好友等实际情况。对此类人员之间的收送行为需要审慎认定，以下情形倾向认定为违规受礼：一是受礼人与送礼人系直接上下级隶属或具有明显的职权、职务影响等利害关系，受礼人能够对送礼人的组织人事、经营等利益能产生较大影响。二是双方之前长期并无交往，在受礼人提拔、调动等具有职权或职务影响后开始送礼。三是受礼人“只收不送”，且收受的数额较大。四是单次收受的礼品价值、数额明显超过当地正常礼尚往来的标准。

【需要注意的问题】

☞ 收受烟酒等礼品作受贿认定的情形

烟酒属于财物范畴，收受烟酒行为与收受购物卡、现金并无本质不同，认定为受贿并无理论障碍。由于涉嫌犯罪行为的证据标准明显高于违纪违法行为，在实践中将收受烟酒行为认定为受贿的并不多见。以下情形可考虑涉嫌受贿。

1. 收受的烟酒已被扣押。同时符合以下条件，可考虑涉嫌受贿：一是涉嫌受贿人供述与行贿人证言就收受的时间、地点及烟酒品牌、数量、包装等能够相互印证，且能够确认被扣押的烟酒确系收送的烟酒。二是对被扣押的烟酒进行真伪认定后确系真品。三是将烟酒交由当地价格认证部门进行价格认定，行贿人、受贿人对此无异议的。

四是行贿人有具体请托事项或者收受同一行贿人的烟酒价值超过 3 万元的。

2. 收受的烟酒未被扣押。在一般情形下，烟酒未被扣押情况下，由于真伪难定、价值难辨不能认定为受贿。在行贿人有具体请托事项或者收受同一行贿人的烟酒价值超过 3 万元情况下，符合下列情形之一的可考虑涉嫌受贿：一是行贿人能够提供发票或刷卡记录等购买凭证，且购买时间与收送时间相隔较近，价值未出现明显波动的，可按购买价认定。如果有证据证明购买价格低于一般市场价格的，按实际购买价认定。二是受贿人将收受的烟酒以市场价格变现的，且能够调取变现证据的，受贿数额可按交易价格认定。需要说明的是，上述两种情形只有在形成互相印证、完整稳定的证据链条，且能够排除合理怀疑的情况下，才可认定为受贿。

☞ 不作违纪认定，可按登记上交处理情形

按登记上交处理的烟酒主要针对因证据缺口较大、无法形成证据锁链，不能认定为违纪违法行为的情形。《关于对党和国家机关工作人员在国内交往中收受的礼品实行登记制度的规定》第二条等规定，在受礼人承认收受财物的情况下，符合下列情形之一的，可按登记上交处理：

一是受礼人的陈述与送礼人的证言关于收受的时间、地点及烟酒品牌、数量等关键信息出入较大，难以认定违纪违法或涉嫌犯罪。二是因送礼人下落不明、身体状况、已去世、移居国外及时间久远等因素，取证难度较大，难以查清事实。三是虽不构成违纪违法，但收受行为明显不当，影响公职人员形象的。四是非受礼人本人原因未能拒收的烟酒，无法退还送礼人的。需要说明的是，违规性是登记上交的前提。对能够证明是自己合法财产、亲友之间正常礼尚往来烟酒馈赠，均不宜按登记上交处理。

☞ 对收受可能影响公正执行公务的礼品等行为的认定

《纪律处分条例》第九十七条第一款规定，收受可能影响公正执行公务的礼品、礼金、消费卡（券）和有价证券、股权、其他金融产品等财物，应当视情节给予警告直至开除党籍处分。根据上述规定，在认定本违纪行为时，需要注意以下几点：

一是关于收受的主体。从《纪律处分条例》条文具体表述看，虽没有设定诸如党员领导干部等范围，但从“收受可能影响公正执行公务”角度分析，必须是履行公务的人员。就高校系统来说，主要包括校领导、中层干部等具有公职身份的国家工作人员，也包括履行或临时、受委托履行学校教育管理、后勤保障等公务职责的工作人员，如临时聘用在教务处从事教学管理、在后勤集团从事资产管理等公务人员。是否纳入编制管理不是判断因素，但需要排除与公务无直接关联的普通的劳务工作，如食堂的厨师、服务员等人。

二是关于收受的对象。收受的对象对“可能影响公正执行公务”“明显超出正常礼尚往来”影响较大。实践中，包括学生本人及其家长、其他亲属和朋友；学校相关项目承包人、中标人、投标人及潜在的投标人等关联方；学校相关项目的合作方，如校企合作、联合办学等一方；其他与学校利益存在关联的管理或服务对象。本案例中，黄某与付某甲虽系同学关系，但付某甲之子付某乙属于黄某的管理对象，此种利益制约因素客观存在，不宜简单理解为同学情谊。

三是收受的财物种类。主要为礼品、礼金、消费卡（券）和有价证券、股权、其他金融产品等财物。其中，礼品包括烟酒、茶叶等土特产；礼金主要指在年节、婚丧嫁娶等期间以看望、拜访、慰问等名义给予的现金、红包；消费卡，主要指预付式消费卡，指在市场流通领域中，具有一定资质的经营者或第三方发售并由购卡人预先支付一定数额的款项，双方按照约定的方式，在指定范围内由持卡人分次享有商品或服务的一种消费凭证，如商场购物卡、美容卡、餐饮充值卡等；有价证券，指标有票面金额，用于证明持有人或该证券指定的特定主体对特定财产拥有所有权或债权的凭证。

有价证券是虚拟资本的一种形式，它本身没价值，但有价格。有价证券按其所表明的财产权利的不同性质，可分为三类：商品证券、货币证券及资本证券。商品证券是证明持券人有商品所有权或使用权的凭证，取得这种证券就等于取得这种商品的所有权，持券者对这种证券所代表的商品所有权受法律保护。属于商品证券的有提货单、运货单、仓库栈单等。货币证券是指本身能使持券人或第三者取得货币索取权的有价证券，货币证券主要包括两大类：一类是商业证券，主要包括商业汇票和商业本票；另一类是银行证券，主要包括银行汇票、银行本票和支票。资本证券是指由金融投资或与金融投资有直接联系的活动而产生的证券。持券人对发行人有一定的收入请求权，它包括股票、债券及其衍生品种，如基金证券、可转换证券等。股权，是有限责任公司或者股份有限公司的股东对公司享有的人身和财产权益的一种综合性权利，即股权是股东基于其股东资格而享有的，从公司获得经济利益，并参与公司经营管理的权利。金融产品指各种具有经济价值，可进行公开交易或兑现的非实物资产。此外，二十届中央纪委二次全会要求，紧盯隐蔽隐性问题，及时查处以讲课费、课题费、咨询费等名义收送礼品礼金，以电子红包、快递物流方式“隔空送礼”等隐形变异的新型送礼行为。

综上，“可能影响公正执行公务”，主要指执行公务相关联、与公正执行公务相冲突的行为。从“可能”表述来看，侧重于“抓早抓小、防微杜渐”的预防性目的，并不要求对公正执行公务实际发生影响。依据中央纪委、监察部《关于各级领导干部接受和赠送现金、有价证券和支付凭证的处分规定》第二条规定，各级领导干部一律不得接受下列单位或者个人的现金、有价证券和支付凭证：管理和服务的对象；主管范围内的下属单位和个人；外商、私营企业主；其他与行使职权有关系的单位和个人。此外，根据中央纪委公布的指导案例《张某退休后违规接受宴请案》（2021 年指导性案例第 4 号）精神，对于党员领导干部在退休后收受礼品、礼金同样构成违规，应适用《纪律处分条例》第一百二十一条（廉洁纪律兜底条款）之规定予以处理。

☞ 收受其他明显超出正常礼尚往来的财物

《纪律处分条例》第九十七条第二款规定，对收受其他明显超出正常礼尚往来的财物，依照收受可能影响公正执行公务的礼品等行为予以处理。此种情形主要适用于难以认定“可能影响公正执行公务”，但因双方收受礼品的数额、双方关系、社会影响等因素，又不能认定为正常人情交往，如不评价为违规违纪，又容易产生纵容此类行为和带坏风气等不良后果。“明显超出正常礼尚往来”，要结合具体身份、收受价值、双方关系、个人经济能力、当地人情往来的一般标准、风俗习惯、日常生活经验等因素综合判断。比如，作为领导干部收受家庭条件一般的远房亲戚、同学大额礼金，虽然送礼人并非领导干部管理服务对象，但上述礼金明显超出正常礼尚往来性质，大多具有感情投资性质，可作违纪认定。

需要指出的是，《新时代高校教师职业行为十项准则》第九条明确规定，不得索要学生及家长财物。《纪律处分条例》第九十七条规定，收受可能影响公正执行公务的礼品，未明确索要、索取等概念。有观点据此认为，对收礼方来说，只有被动的收，没有主动的索要。我们认为，《纪律处分条例》第九十七条侧重于规范收受行为，对收受的方式没有明确规定，至于是送礼人主动送、还是收礼方暗示、明面直接索要，一般不影响收受行为的定性(数额较大，涉嫌构成索贿行为除外)。故索要礼品、礼金行为也可构成违规收礼行为，未必一律认定索贿。

此外，对非管理岗的高校教职工来说，如给予高校内部、教育主管部门内部处分的，依据违反党的纪律定性对应的处分予以分类，依据《事业单位工作人员处分规定》第十九条第（三）项（在公务活动或者工作中接受礼品、礼金、各种有价证券、支付凭证的）处理。

☞ 对有回赠等行为的定性及收受数额的认定

实践中，存在受礼人在收受礼品、礼金后，也回赠送礼人一定的礼品的情形。对此要区分具体情况予以处理：一是因回赠行为导致此前收受的行为可不作违纪认定。对及时回赠，且回赠礼品的价值与收受礼品的价值差距不大的，回赠行为可视为抵消了之前收受礼品带来的“可能影响公正执行公务”可能性，受礼行为可不认定为违纪。二是回赠行为不影响之前受礼行为的违纪认定。如回赠的时间与收受的时间相隔较长，甚至具有逃避审查调查目的，或者虽及时回赠，但回赠礼品的价值明显少于礼品的价值。如本案例中，黄某曾回赠付某甲茶叶等少量礼品，但难以抵消“可能影响公正执行公务”的可能性，不影响违纪认定，但可适当扣减收受的数额。此外，对上下级之间互有往来的小额收受行为也不宜作违纪认定。如领导干部为体现对下属的关心，营造关心关爱氛围，在下属遇有婚丧嫁娶时先给予符合当地标准的小额礼金；在该领导遇有类似情形时，下属也给予大致数额礼金，此种情况属于礼尚往来的范围，且数额较小，可不作违纪认定。

需要说明的是，双方对收送的时间、具体数量、品牌等陈述一致，但物品已被消费等，即使实物已灭失，也不影响收受事实认定，数额应按市场价格折价登记上交。

☞ 关于取证思路

以本案为例，应当调取以下证据：一是黄某、付某甲的言词证据，证明付某甲送礼的目的、收受的时间、地点、礼品种类、数量、收受经过等事实，如付某乙在场、转交或知情的，也应与其谈话核实补强。此外，需重点核实黄某是否利用职权或承诺为付某甲父子谋取利益；付某甲父子是否提出具体的请托事项。二是购买礼品的书证、物证。相关礼品的支付或报销凭证；付某甲与黄某系同学的书证，核实具体身份；黄某与付某乙具体身份材料。此外，对以讲课费、课题费、咨询费等名义收送礼品礼金，以电子红包、快递物流方式“隔空送礼”等新型送礼行为，要透过现象抓住本质，调取虚假的授课邀请函、伪造的课题成果及电子红包、快递单号、签收记录、聊天截图等书证、物证，根据主观与客观相一致原则准确作出认定。

☞ 与类似行为的区别

一是与由他人代为支付、报销个人费用的区别。《纪律处分条例》第一百一十一条第二款对违规将个人费用由下属单位、其他单位或者他人支付、报销等行为（以下简称支付报销费用）作出了规定。从与职权职务关系看，本违纪行为只要求收受行为“可能影响公正执行公务”，不要求利用职权或者职务上的影响；而支付报销费用行为要求利用职权或者职务上的影响。从收受时间看，本违纪行为大多发生在年节和婚丧嫁娶等节点；而支付报销费用行为没有节点要求。从收受的方式看，本违纪行为一般为当场收受，收受人不需要提供发票等消费凭证；而支付报销费用行为大多要待履行报销等手续后再交付，有的还需要报销人提供消费凭证作为报销依据。

二是与向公务人员身边人等特定关系人送礼行为的区别。《纪律处分条例》第九十八条规定，向从事公务的人员及其配偶、子女及其配偶等亲属和其他特定关系人赠送明显超出正常礼尚往来的礼品、礼金、消费卡（券）和有价证券、股权、其他金融产品等财物，视情节给予处分。两种违纪行为的区别在于送礼人送礼的实际对象是否是身边人以及公务人员是否对身边人收礼行为知情。向公务人员身边人送礼行为的对象是公务人员身边人，但不包括身边人受公务人员委托代为收受礼品或转交礼品，也不包括送礼人送礼时公务人员在场，由身边人代收等情形。当然，身边人收礼后，公务人员较长时间后才知情的，不影响向身边人送礼性质的认定。

此外，如公款购买礼品送礼的，依据《纪律处分条例》第一百一十三条规定，用公款购买赠送礼品、消费卡（券）等，对直接责任者和领导责任者，视情节给予处分。由于该违纪行为与本违纪行为处分档次相当，从体现行为的全面性和充分性角度考虑，一般适用《纪律处分条例》第一百一十三条规定处理。

26

违规为亲友经营活动谋利行为

【典型案例】

郑某甲，中共党员，某学院院长。

郑某乙，郑某甲之子，从事建筑市场中介工作。

2023 年 11 月，学院启动新校区建设，郑某甲担任新校区建设领导小组组长，亲自主抓新校区建设。2024 年 1 月，郑某甲、新校区基建办主任冯某等人接受 B 建筑公司（系新校区建设工程主承包人）负责人吴某宴请，郑某甲带着郑某乙参加饭局。席间，郑某甲介绍郑某乙与吴某、冯某认识，“拜托”各位多带带郑某乙积累建筑市场从业的经营经验，但明确表示不能违规违纪。后郑某乙多次找到冯某、吴某，通过挂靠公司从 B 公司分包等形式实际承揽了新校区外墙涂料、食堂等附属工程，累计获利 200 万余元。经查，郑某乙承建的工程质量较好。郑某甲听闻郑某乙参与新校区建设，但未过问具体情况，也未出面打招呼。

【案例评析】

关于郑某甲介绍郑某乙与冯某等人认识，以及得知郑某乙承揽工程态度等行为的定性，主要有以下三种意见：

第一种意见认为，郑某甲的行为不构成违规。郑某甲仅介绍郑某乙与冯某、吴某等人认识。后续郑某乙自行与冯某、吴某等人联系，通过分包等形式获得部分工程，在承揽过程中，郑某甲也未出面打招呼，且郑某乙做事认真负责，实际参与施工，工程质量较好。故无论从郑某乙承揽工程的起因、过程还是工程质量看，郑某甲均不宜对郑某乙承揽工程一事承担责任。

第二种意见认为，郑某甲的行为系不重视家风建设行为。郑某甲明知其子郑某乙利用其影响力承揽本校工程，仍不制止，系家教不严、家风不正，应当依据《纪律处分条例》第一百五十二条（对子女失管失教）规定处理。

第三种意见认为，郑某甲的行为违反廉洁纪律。郑某甲身为党员领导干部，利用职权帮助其子承揽新校区工程，应当依据《纪律处分条例》第一百零四条（利用职权为子女在承揽工程等方面谋取利益）等规定处理。

我们同意第三种意见。

高校工程项目关系到校园安全，应当严格执行招标、询价等程序，高校领导干部不能以各种理由交由亲属和特定关系人承揽。实践中，个别高校领导干部“靠校吃校”，将学校后勤工程等项目作为自己发家致富的私人领地。本案例中，郑某甲身为高校领导干部，利用职权，通过授意学校工程承包人再次分包方式，安排其子承揽工程，即便相关工程质量较好，也破坏了市场竞争秩序，损害了学校形象，故不影响行为定性。需要说明的是，虽然郑某甲一再明确表示“不能违规违纪”，但从郑某甲前后行为表现和当时语境看，其真实目的还是要求学校工程承包商“分一杯羹”给其子，是为其子谋求交易机会，为掩人耳目才表示“不能违规违纪”，不能因此否定上述行为的违纪本质。需要注意的是，如郑某乙获得的工程建设等商业机会后，自己未实际施工，直接倒手出卖的，实际获利数额，可认定为受贿犯罪。

【需要注意的问题】

☞ 高校系统违规为亲友经营活动谋利行为具体表现形式

依据《纪律处分条例》第一百零四条规定，对高校系统来说，违规为亲友经营活动谋利行为主要包括以下情形：

1. 为亲友在承揽建设工程方面谋取利益。近年来，随着高校新校区建设和老校区改造升级，一些高校领导的亲友借机生财，建设工程招投标领域成为高校系统腐败“重灾区”。主要表现有：亲友等特定关系人所在公司或挂靠建筑公司中标、串通招投标；居中“拉皮条”，通过介绍工程项目、帮助结算工程款从中谋利；从中标公司中分包承揽工程。其他表现形式可参考《教育部关于严禁领导干部违反规定插手干预基本建设工程项目管理行为的若干规定》15 种情形。如本案例中郑某甲利用职务便利，以照顾为名，暗示下属和承揽本校工程的建筑公司负责人为其子郑某乙经营活动提供便利。

2. 为亲友在金融信贷方面谋取利益。有的领导干部的亲友在金融系统工作，金融系统通常将贷款和储蓄业务与工作人员的业绩、职务晋升等挂钩。在利益驱动下，亲友通过各种关系请托领导干部将高校在相关金融机构开设基本账户等形式揽储，或者向金融公司贷款、购买理财产品等。

3. 为亲友在大宗采购方面谋取利益。高校涉及的教材、电脑、桌椅家具等商品较多，领导干部利用职权或职务影响帮助亲友承揽上述大宗物品采购项目。

4. 合作办学。从近年查处的案件看，高校对外合作办学，包括产学研合作等方面廉洁风险较大，个别亲友在领导干部帮助下利用学校资源从中谋利。

5. 其他方面。如在学校食堂承包及食材采购、后勤改制等方面，领导干部利用职权安排特定关系人参与谋利。

☞ 违规谋利的主体和方式

从《纪律处分条例》第一百零四条规定的行为主体看，并未限定于党员领导干部，只要求行为人具有一定的职权以及职务、岗位、地位等影响，能够帮助亲友或其他特定关系人的经营活动带来便利，均可构成本违纪行为，侧重于职权便利或职务影响。关于违规谋利方式，一般系积极主动的打招呼，也有介绍认识后以默许、纵容等形式以被动形式呈现。如本案例中，表面上看郑某甲没有明确安排郑某乙承揽新校区建设工程，但郑某甲身为新校区建设领导小组组长，对新校区工程建设有举足轻重的话语权。他先介绍郑某乙与新校区建设基建办及主承包人认识，以“拜托多带带”方式暗示上述两人关心郑某乙的工程业务。即便郑某甲未明确安排郑某乙承揽新校区工程，从前期介绍郑某乙与工程承包人介绍认识等沟通过程和后期郑某甲知情不予制止等情况综合判断，郑某甲客观上已利用其职权影响为郑某乙经营活动谋利。

此外，对非管理岗的高校教职工来说，如给予高校内部、教育主管部门内部处分的，依据违反党的纪律定性对应的处分予以分类，依据《事业单位工作人员处分规定》第十九条第（二）项（利用工作之便为本人或者他人谋取不正当利益的）处理。

☞ 关于取证思路

以本案例为例，主要调取以下证据：一是调取郑某甲、郑某乙及冯某、吴某的言词证据，核实郑某甲向冯某、吴某引荐郑某乙的真实目的、引荐过程、郑某乙承揽的具体工程等。二是调取郑某甲等四人身份、职责材料，尤其要调取郑某甲主管新校区建设、吴某的基建办主任等文件。三是调取郑某乙从 B 建筑公司分包相关工程项目的协议、工程款结算等书证。

☞ 与类似行为的区别

1. 与领导干部不重视家风建设行为的区别

《纪律处分条例》第一百五十二条规定，党员领导干部不重视家风建设，对配偶、子女及其配偶失管失教的，构成违纪。两者存在以下几个方面的区别：一是从主观方面看，本违纪行为是故意，而不重视家风建设行为大多系过失。就本案例来说，郑某甲对郑某乙利用其职务影响承揽工程的行为不但知情，而且是积极引荐，主观上并非过失。二是从具体表现看，本违纪行为主要表现在领导干部积极主动为亲友经营活动谋利，侧重于从违反廉洁纪律角度评价，而不重视家风建设行为不要求职务职权的影响和介入，不少表现为子女品行不端、为非作歹等情况，追究的是领导干部家风不正、治家无方的责任。三是从后果看，不重视家风建设行为要求造成不良影响或严重后果，而本违纪行为没有该要求。

2. 与亲属在其辖区和业务范围内违规从事经营活动的区别

《纪律处分条例》第一百零七条将党员领导干部的亲属违规从事经营活动纳入纪律惩戒范围。该行为与本违纪行为在违纪具体表现上有类似之处，两者主要区别在于领导干部主观状态和职权影响。如本案例中，郑某甲积极为郑某乙承揽工程，客观上利用了自身职权影响；而亲属违规从事经营活动表现为亲友在领导干部的辖区和业务范围内开展经营活动，并不要求利用领导干部职权或职务影响开展经营活动。

3. 与纵容、默许亲属谋利行为的区别

《纪律处分条例》第九十六条规定，纵容、默许亲属和其他特定关系人利用党员干部本人职权或者职务上的影响谋取私利，可视情节给予处分。纵容、默许亲属等谋利行为中，领导干部事先没有引荐、干预等积极主动行为，只是事后知情亲属谋利行为；而本违纪行为要求必须有积极的打招呼等主动谋利行为。

4. 共同受贿的区别

实践中，存在领导干部与身边人事先共谋，安排身边人打着自己的旗号开展经营活动或收受财物，领导干部在背后积极支持、提供帮助的行为。本违纪行为与前述行为的区别在于党员领导干部对身边人违纪行为介入程度、发挥的作用不同。如领导干部表面不予支持，暗地积极发挥职务或职权影响，并授意亲友收受财物的，则涉嫌受贿，可依据《纪律处分条例》第二十九条（纪法衔接条款）予以处理。

27
在分配、购买住房中损害学校利益行为

【典型案例】

秦某，中共党员，某学院党委副书记、院长。2024年1月，学院为留住人才、引进人才，在市委、市政府同意下，报经当地房改部门同意，以学院存量土地开发了三栋教授楼，适用对象是学院30多名未购买过房改房、经济适用房等福利房的教授以及新引进的正高级职称人员。秦某于2016年被评定为教授，但其于1997年享受过学院一套房改房。为获得该教授楼秦某安排将房产过户至其成年子女名下，并利用职权安排学院房改科出具一份说明，证明秦某购买上述房改房时，价格与当时同类地块房产相当，虽然房产证注明是房改房，但实际与商品房性质相同。后秦某顺利获得学院教授楼中一套面积为120余平方米的房产。

【案例评析】

关于秦某上述行为的定性，主要有以下两种意见：

第一种意见认为，秦某的行为不构成违纪。秦某具有教授资格，虽然教授楼要求必须是未购买过房改房的人员，但实际上房改房大多老破旧，在购买时一些房改房价格与市场价相当，秦某即属于此类情况。故秦某购房行为不构成违纪。

第二种意见认为，秦某的行为构成违纪。教授楼可购买的前提是具备教授职称和未享受过房改政策两项基本条件。秦某明知其不符合条件，仍利用职权违规获得教授楼，依据《纪律处分条例》第一百一十条（在分配、购买住房中侵犯国家、集体利益）规定予以处理。

我们同意第二种意见。

随着住房商品化工作的不断推进，绝大多数单位不再建设房改房、周转房、公租房等保障性住房。对高校来说，由于存在存量土地，为削减高房价对教师人才流失的影响，体现关爱人才的鲜明态度和实际行动。一些高校在当地党委、政府的支持下，在房改政策框架内建设少量住宅楼面向特定的教师群体居住或购买，这些住房主要包括以下几种类型：一是周转房、公租房、单身宿舍。主要面向新入职的教师，供其在购买新房前临时居住。二是实物分配，以经济适用房、人才公寓等形式，直接签订买卖合同取得产权。一些高校在将存量土地改变性质后，通过上市交易形式建设房产，教师购买后即取得产权。三是先租后售。主要表现在一些高校要求教师服务较长的年限，先以租赁的方式提供给教师，教师具有居住权，待其服务年限达到合同约定的年限后，以首次租赁时间等节点的市场价购买房产，最终取得产权。实践中，高校党员干部利用职权或职务影响，在分配、购买住房中侵犯高校利益行为。本案例中，秦某已享受过房改政策，通过过户房产、出具虚假证明的方式再次获得学校提供的房产，不仅侵害学校利益，也损害符合享受学校房改政策的其他教授利益，系典型的以权谋私行为，违反廉洁纪律。

实践中，在分配、购买住房中利用职权谋利行为涉及多个不同性质的错误，主要有：

1. 违纪行为。主要为违反廉洁纪律，如本案例中秦某明知其不符合购房条件，仍坚持购买，依据《纪律处分条例》第一百一十条的规定处理。如长期占用公房超过六个月或者进行营利活动等，依据《纪律处分条例》

第一百一十二条（违规占用公物归个人使用）规定处理。部分行为违反工作纪律，如在制订方案过程中不正确履行职责，导致方案明显违规违法，造成不良影响、资产损失等后果的，依据《纪律处分条例》第一百四十九条（不正确履职行为）规定处理。

2. 违法行为。行为人的上述违纪行为或者非党员的干部，依据《政务处分法》相关规定，构成职务违法。

此外，对非管理岗的高校教职工来说，如给予高校内部、教育主管部门内部处分的，依据违反党的纪律定性对应的处分予以分类，依据《事业单位工作人员处分规定》第十九条第（二）项（利用工作之便为本人或者他人谋取不正当利益的）处理。

3. 涉嫌犯罪行为。对以建设房改房为名，通过违规补贴资金、暗箱操作等方式，私分国有资产，造成国有资产巨额损失，或者滥用职权等涉嫌犯罪的，分别依据《刑法》第三百九十六条（私分国有资产罪）、第一百六十八条（国有事业单位人员滥用职权罪）定罪处罚。

此外，在相关房产被认定违规后，要做好后续的整改工作。如有的高校违规建设房改房，纪检监察机关要协调当地房改部门依法处理。对违规性质明显，无法办理产权证的，交由规划部门依法处置，或者由学校进行合理利用，防止闲置浪费。对个别教职工长期违规占用的房产，督促高校及时腾退，行为人及时补交房租等费用。对一些高校出台的租售房产，相关教师服务期满后未及时购买的房产，督促学校及时处置。

【需要注意的问题】

☞ 在分配、购买住房中损害学校利益行为具体表现形式

实践中，高校党员干部利用职权或职务影响，在分配、购买住房中损害学校利益行为，主要包括以下情形：

1. 明知不符合条件仍然购买相关房产。有的干部职工不符合学校和房改等部门规定的分配、购买条件，但利用职权直接取得购买资格，或以不公开方式内部购买、或以他人名义购买。

2. 伪造或违规出具相关材料，使自己表面上符合购买条件。如本案例中，学院要求购买者未享受房改政策、未购买过房改房等福利房，而秦某购买过房改房，已不符合购买条件。对此，秦某出具所谓的自己购买房改房价格与市场价相当等证明材料，取得购买资格。实践中，有的异地任职干部职工，如在甲地工作期间购买一套福利房，调

动到乙地后，利用职权或职务影响、两地房产信息尚未联网、房产性质界定不够清晰等因素，又在乙地购买福利房。

3. 长期占用周转房等房产供自己或他人使用。有的领导干部长期占用高校提供给单身职工、两地分居的教师建设的周转房。有的将上述房产交由亲友居住。有的出租获利。

4. 符合购买条件，但在分配房源时为自己谋取利益。有的虽然符合分配、购买条件，但在制订方案、具体分配和购买房产过程中，违反公平、公正、公开原则，设定有利于自己的条件，暗箱操作保留优质房源。

5. 购买价格明显低于房改部门或高校确定的价格。房改房、经济适用房等保障性住房虽然价格相对优惠，但大多遵循市场规律，一般不会偏出市场价格过多，但有的高校以明显低于市场价格或房改等部门预先测算的价格出售。有的以委托建筑公司代建方式运作，但以学校其他项目作为交换条件，要求建筑公司压低成本，实现低价出售的目的，本质上属于损公肥私行为。

6. 擅自以价格补贴、专项工程等名义为相关房产建设贴补资金。有的通过套用科研或办公经费、捐赠收入等形式，以向购房者发放购房补贴或者向承建方补贴工程款等形式，转嫁个人购房成本等。

☞ 关于取证思路

以本案例为例，应当调取以下证据：一是调取秦某、具体经办教授楼建设人员、出具秦某房改房情况说明经办人员、学院房管科和市房改办工作人员等人员的言词证据，从而证明学院教授楼方案出台过程、秦某是否符合购买条件、情况说明的真实性和合法性、秦某购房的具体经过、房产现状、是否取得产权证等。二是相关书证。包括学院教授楼建设方案、审批过程，秦某之前购买的房改房产权证，购买、分配教授楼合同、付款凭证等书证。需要说明的是，购买、分配福利房工作是一项政策性较强的工作，纪检监察机关在处理过程中，应当征求房改、房改等部门意见，重点核实购买、分配方案是否符合房改政策，以及高校用存量土地建设住宅楼是否经过审批，是否符合当地关于房地产建设规划、土地使用权出让等基本条件，秦某之前的房改房具体性质等，防止高校以保障人才住房为名，行集体违规之实。

28 不正确履行科研经费管理和使用职责行为

【典型案例】

徐某，中共党员，某大学某二级学院院长、三级教授。2023 年 5 月至 2024 年 1 月，徐某负责国家社科基金 C 重大项目，担任该项目申请人。在项目开展过程中，徐某因工作繁忙，全权授权项目组成员、该二级学院副教授王某负责该项目。后王某因个人投资失败深陷巨额债务，多次通过虚报费用等方式截留、贪污上述项目经费共计 30 多万元（该项目经费均来源于中央财政拨款），后王某被追究刑事责任。后期形成的课题成果东拼西凑，未达到预期目的而被撤销，并被追回全部已拨经费，造成了严重不良影响。后王某被追究刑事责任。

【案例评析】

关于徐某上述行为的定性，主要有以下三种意见：

第一种意见认为，徐某的行为不构成违规。徐某委托项目组成员王某负责上述项目并无不当。王某截留、贪污科研经费行为系其个人行为，并非徐某授意，不能因此归咎于徐某。

第二种意见认为，徐某的行为涉嫌国有事业单位人员失职罪。徐某作为项目申请人、负责人，对项目敷衍塞责，与王某贪污科研经费行为存在刑法上的因果关系，应依据《刑法》第一百六十八条定罪处罚。

第三种意见认为，徐某的行为违反工作纪律。徐某身为科研项目负责人，不正确履行项目经费的监督管理职责，导致王某贪污30多万元经费，鉴于国有事业单位工作人员失职罪立案标准为“造成国家直接经济损失数额在50万元以上的”，故尚未构成犯罪，可依据《纪律处分条例》第一百四十九条（不履行或者不正确履行职责）规定予以处理。

我们同意第三种意见。

科研经费作为高校经费的重要组成部分。科研经费管理是否规范，关系到经费使用效率和风险。《国家社会科学基金项目资金管理办法》第二条规定，国家社科基金项目资金来源于中央财政拨款，是用于资助哲学社会科学研究，促进哲学社会科学学科发展、人才培养和队伍建设的专项资金。第七条明确规定了社科类项目资金管理要求，项目责任单位是项目资金管理的责任主体，应当建立健全“统一领导、分级管理、责任到人”的项目资金管理体制和制度，完善内部控制、绩效管理和监督约束机制，合理确定科研、财务、人事、资产、审计、监察等部门的责任和权限，加强对项目资金的管理和监督。本案例中，徐某身为科研项目负责人，对项目经费负有管理责任，但责任意识淡化，对其负责的科研经费不闻不问，全程授权项目组成员王某负责该项目，最终导致30万元的损失，违反了工作纪律。

项目组负责人对项目科研经费具有管理监督职责，不能大而化之、不管不问。本案例中，徐某作为项目申请人，全权委托王某负责项目经费管理，典型的不作为、不担当。徐某对王某截留、贪污项目经费行为失察失责，负主要领导责任。

实践中，不正确履行科研经费管理和使用职责行为涉及多个不同性质的错误，主要包括以下几种：

1. 违纪行为。对具体管理人员和参与科研项目人员来说，主要为违反工作纪律、廉洁纪律。如本案例中，徐某不正确履行监督管理职责，导致科研经费被王某侵占，造成不良影响，依据《纪律处分条例》第一百四十九条（不正确履职行为）规定处理。对有具体的截留、挪用、贪污等行为，在不构成犯罪情况下，应根据具体用途认定违反廉洁纪律行为，如套取科研经费送礼的，依据《纪律处分条例》第九十八条（向从事公务的人员等送礼）规定处理；套取科研经费违规发放奖金的，依据《纪律处分条例》第一百一十四条（自定薪酬或者滥发津贴、补贴、奖金、福利等）规定处理；等等。

2. 违法行为。行为人的上述违纪行为或者非党员干部，依据《政务处分法》相关规定，构成职务违法。

此外，对非管理岗的高校教职工来说，如给予高校内部、教育主管部门内部处分的，依据违反党的纪律定性对应的处分予以分类，依据《事业单位工作人员处分规定》第十八条第（五）项（在项目评估评审等工作中违反规定造成不良影响的）处理。

3. 涉嫌犯罪行为。因行为人监督管理不力，导致国有资产 50 万元以上损失的，涉嫌国有事业单位人员失职罪，依据《刑法》第一百六十八条规定处理。私分科研经费的，依据《刑法》第三百九十六条（私分国有资产罪）定罪处罚。

此外，对因严重违反财务制度或其他原因而被撤销项目的，应追回已拨经费。对项目责任单位和科研人员在项目资金管理使用过程中出现的失信情况，应当纳入信用记录管理，对严重失信行为实行追责和惩戒。

【需要注意的问题】

☞ 不正确履行科研经费管理和使用职责的违规情形

科研经费管理规定散见于不同层级、不同部门的相关规定，总体来说不正确履行科研经费管理、使用等职责主要有以下几种违规情形：

1. 虚假编报项目预算。

2. 未对项目资金进行单独核算。

3. 列支与项目任务无关的支出。如列支与项目无关的劳务、餐饮、交通等费用。

4. 未按规定执行和调剂预算、违反规定转拨项目资金。

5. 通过虚假合同、虚假票据、虚构事项、虚报人员等弄虚作假，转移、套取、报销项目资金。

6. 截留、挤占、挪用项目资金。

7. 设置账外账、随意调账变动支出、随意修改记账凭证、提供虚假财务会计资料等。

8. 在使用项目资金中以任何方式列支应由个人负担的有关费用和支付各种罚款、捐款、赞助、投资、偿还债务等。

9. 其他违反国家财经纪律的行为。

10. 不履行监督管理职责。如本案例中，徐某作为C项目负责人，责任意识淡化，对项目实施过程、结果不管不问，导致王某贪污经费，应当承担相应纪法责任。

☞ 关于高校科研（课题）经费的来源和管理制度

高校科研（课题）经费，主要分为纵向课题经费和横向课题经费。纵向课题，是指由各级政府指定的科研行政单位代表政府立项的课题，如国家科技部、省科技厅、市科技局；国家社科联、省社科联、市社科联及教育部、教育厅等安排的课题、项目，如本案例中徐某承担的国家社科基金项目。横向科研项目是由社会需求单位，如企业事业单位、其他市场主体等委托的科学研究、技术咨询、技术开发、技术服务等项目。一般而言，横向课题是指与高校系平等主体之间的课题。“纵向”“横向”不仅体现科研经费来源的不同，也体现科研项目的“级别”“层次”的差别。从管理主体和管理要求看，无论是纵向还是横向课题经费，进入高校相关账户，均视为公款。

☞ 关于经费管理规定和各类主体的具体责任

高校科研经费来源多样、管理制度繁多，主要管理制度包括《关于进一步完善中央财政科研项目资金管理等政策的若干意见》《国务院关于优化科研管理提升科研绩效若干措施的通知》《国务院办公厅关于改革完善中央财政科研经费管理的若干意见》，以及省级教育、科技主管部门、各高校制定的关于科研经费管理办法等各类规定。而各责任主体大致包括以下几类：

1. 学校。系科研经费管理的责任主体，各高校实行“统一领导、分级管理、责任到人”的科研经费管理体制，相关职能部门在各自的职责权限范围履行管理职权。

2. 科研管理部门。系高校科研工作的主管部门，负责科研项目管理和合同管理，监督项目执行进展等过程管理；负责外拨科研经费的审批，科研项目结题结账、验收及绩效考评，会同计划财务部门指导项目负责人编制经费预算和预算调整的校内审批；负责核定科研经费类型和立项编号；负责对科研经费形成的知识产权等无形资产的管理；配合计划财务部门、项目负责人接受各类科研项目财务审计检查；配合计划财务部门开展科研管理队伍及相关人员的财务知识培训；配合计划财务部门做好经费管理的有关工作等。

3. 计划财务部门。具体负责科研经费的财务管理和会计核算工作，指导项目负责人编制项目经费预算，审查项目经费决算，监督、指导项目负责人按照项目立项通知书（任务书）或合同约定，以及有关财经法规在其权限范围内使用科研经费；负责项目经费日常报销等各项会计核算管理和服务；负责科研经费预算调整事项的校内审核；负责根据项目结题结账信息，依照有关规定办理项目结余经费上缴等；负责科研经费管理队伍和相关人员的财务知识培训等。

4. 二级学院、科研所等是科研活动的基层管理单位。具体配合相关职能部门对本单位科研经费使用履行监管责任。根据学科特点和项目实际需要，合理配置资源，为科研项目执行提供条件保障。

5. 科研项目负责人。系科研经费使用的直接责任人，对经费使用的合规性、合理性、真实性和相关性承担法律责任。项目负责人要熟悉并掌握有关财政法律法规和科研经费管理制度，严格按照相关规定使用项目经费。接受学校科研管理部门、计划财务部门、审计部门以及上级财政部门、行政主管部门、国家审计机关和资助单位的检查与监督。

6. 审计部门。将科研经费纳入审计专项工作，通过自行审计或委托审计的方式对科研经费的使用管理情况进行审计。

☞ 关于取证思路

以本案例为例，应当调取以下证据：一是调取徐某、王某及具体参与C项目的其他人员的言词证据，证明徐某等人在该项目中的具体职责、履职情况、C项目完成情况、王某贪污经费具体过程、方式及结果等。二是相关书证。包括C项目立项、研究经过、有关部门作出的被撤销项目的决定、项目经费被追回的材料、王某的刑事判决书等书证。

29
其他违反廉洁纪律行为

【典型案例】

黄某，H省A大学党委书记。2023年12月至2024年1月，黄某多次向该大学的相关建设工程承包人、私营建筑企业B公司董事长付某打招呼，要求将其妻王某安排进入B公司。付某为与黄某搞好关系，表示B公司虽不缺人，但一定落实黄某要求。付某明知王某没有管理经验、学历较低，仍安排王某任B公司管理人员，同岗同酬。王某上班后，从事监督打卡等辅助工作。后被人网络举报，造成不良影响。经查，B公司在该大学承揽2000多万元建设工程，未发现黄某有利用职权为B公司或付某谋利行为。

【案例评析】

关于黄某帮助妻子王某入职 B 公司的行为如何定性，存在以下三种意见：

第一种意见认为，黄某的行为不构成违纪。黄某没有利用职务便利，王某到 B 公司工作同岗同酬，故不宜认定违纪。

第二种意见认为，黄某的行为违反组织纪律。黄某作为高校党员领导干部，利用职权帮助王某入职 B 公司，依据《纪律处分条例》第八十六条规定，构成利用职务违规谋取人事利益错误。

第三种意见认为，黄某的行为违反廉洁纪律。黄某在明知 B 公司没有招聘计划和用人需求情况下，仍利用职权打招呼，请托该大学工程承包人安排王某入职，可能影响公正执行公务，应当依据《纪律处分条例》第一百二十一条（其他违反廉洁纪律行为）规定予以处理。

我们同意第三种意见。

《纪律处分条例》第一百二十一条规定，有其他违反廉洁纪律规定行为的，应当视情节给予纪律处分，此类条款属兜底条款。由于立法时无法精准预测隐形变异、翻新升级的违纪行为，兜底条款设置目的是为了防止“挂一漏万”情形。本案例中，表面上看，黄某的妻子入职和相关待遇没有违反公司招聘的禁止性规定，但黄某的职权影响客观存在。从B公司董事长付某角度看，王某学历较低，且专业与B公司管理岗位不匹配，其愿意接收黄某的妻子王某入职，完全看在黄某的职务和身份；从黄某角度看，付某的B公司在该大学有建筑工程，付某一定会给自己面子安排其妻子入职。故黄某安排王某入职B公司行为，本质上是以权谋私行为，应当严肃处理。实践中，兜底条款发挥惩治新型违纪违法行为的重要作用，但由于兜底条款适用的规则不够明确，也存在适用泛化、简单化的问题，有的混淆此错与彼错，甚至随意出入错，影响了执纪效果。

实践中，适用兜底条款的违纪行为，须符合“违规要素”和“有责要素”基本构成要件。其中，“违规要素”在具体把握上更严格，且需考量其他要素。

1. 把握违规性

适用廉洁纪律兜底条款，不仅需要排除相关行为无法适用《纪律处分条例》兜底条款以外其他条款，而且相关行为必须有具体的违规性。《纪律处分条例》第七条规定，党组织和党员违反党章和其他党内法规，违反国家法律法规，违反党和国家政策，违反社会主义道德，危害党、国家和人民利益的行为，依规应给予纪律处理或者处分的，都必须受到追究。该条规定为确定行为违规性提供具体范围，同样适用兜底条款的行为违规点，主要包括以下两种情形：

一是相关行为违反其他党纪国法具体条款。如本案例中，黄某身为高校领导干部，帮助王某入职学校建设工程承包人行为，表面上看，《纪律处分条例》廉洁纪律部分没有直接对应的违纪条款，但本质上属于利用职权谋利行为，参照《直属高校党员领导干部廉洁自律“十不准”》第十条规定，黄某的行为违反“不准利用职权和职务上的影响为本人配偶在就业方面提供便利条件”等规定精神。此时，《纪律处分条例》第一百二十一条“有其他违反廉洁纪律规定行为的”可作为指引性条款予以适用。需要说明的是，《纪律处分条例》第八十六条规定的利用职务违规谋取人事利益行为，主要针对违规干部选拔、录用职工等破坏选人用人制度的行为，王某入职的是私营企业，故不宜适用。

二是相关行为违反党纪国法关于特定人员从业、生活等方面基本要求，且具有处分必要性的。如《纪律处分条例》第一百二十一条“有其他违反廉洁纪律规定行为”，因此即便行为在《教师法》等法律法规中没有具体对应违纪违法表现情形的条款，只要背离教师职责、损害教师廉洁从教从政形象，具有追责必要性情况下，仍可追责。

2. 把握危害性

行为危害性主要指行为的影响、造成的损失等具体结果，既包括财产等物质损失，也包括造成恶劣的社会影响、舆情关注、破坏政治生态等非物质损失。一般而言，行为危害越大，追究行为人纪律责任的必要性越大。

3. 把握主观性

可从以下两个维度把握行为人的主观方面：一是从行为人角度看，主观上对行为的违规性和可能产生的后果有概括认知，既包括知道或应当知道，也包括疏忽大意未认识或者已认识但过于自信，轻信能避免违规性或危害后果。二是从大众角度看，行为明显违背大众依据日常经验作出的正当性判断，相关行为有悖党员形象。

上述三个因素在适用兜底条款的作用上各有侧重。其中，违规性是前提与基础，作用最大；危害性是条件，体现违规性、印证认知性；认知性是重要补充，影响违规性和危害性。判断是否适用兜底条款可综合上述因素，具体标准为违纪评价必要性的大小，如经综合考量，评价违纪的必要性明显大于不作违纪评价的，则可适用兜底条款处理。如本案例中，黄某行为违反《直属高校党员领导干部廉洁自律“十不准”》第十条规定，其特权思想和特权行为严重，造成不良影响，可适用廉洁纪律兜底条款处理。

【需要注意的问题】

☞《纪律处分条例》中的兜底条款

1. 整个条款兜底

《纪律处分条例》共计 4 条，除本案例中适用的《纪律处分条例》第一百二十一条外，还有第一百二十九条（有其他违反群众纪律规定行为）、第一百四十九条（有其他工作中不正确履职行为）、第一百五十四条（有其他严重违反社会公德、家庭美德行为）等规定。违反政治纪律、组织纪律部分未设置此类兜底条款。

2. 具体条款中设置兜底情形

根据表述方式分为两种情形：一是以款的形式兜底。《纪律处分条例》中共 3 处，即第六十七条第四款（有其他违反党和国家民族政策的行为）、第六十八条第四款（有其他违反党和国家宗教政策的行为）、第九十七条第二款（收受其他明显超出正常礼尚往来的财物）。二是以项的形式兜底。指某条款中数项列举违纪行为具体表现情形，为强化周延性，将最后一项作为兜底情形。如第十七条第（六）项（党内法规规定的其他从轻或者减轻处分情形）、第六十三条第（五）项（其他对抗组织审查行为）、第八十八条第（四）项（其他侵犯党员权利行为）、第一百零三条第一款第（六）项（其他违反有关规定从事营利活动的行为）、第一百二十二条第一款第（六）项（其他侵害群众利益行为）、第一百二十六条第（五）项（其他不作为、乱作为、慢作为、假作为等损害群众利益行为）、第一百三十二条第（六）项（工作中其他形式主义、官僚主义行为）。

此外，对非管理岗的高校教职工来说，如给予高校内部、教育主管部门内部处分的，依据违反党的纪律定性对应的处分予以分类。如案例中违规要求管理服务对象安排他人入职行为的，在不构成违反组织要求的情况下，可依据《事业单位工作人员处分规定》第十九条第（二）项（利用工作之便为本人或者他人谋取不正当利益的）处理。

☞ 避免适用泛化或简单化

由于兜底条款主要针对隐形变异的违纪行为，防止条规规定滞后性导致放纵违纪行为，体现执纪的周延性，因此对违规性不明显、危害性不大及主观认知难以把握的，则不宜适用兜底条款。更不宜结果导向，为了追责而适用。

☞ 增强说理性，落实程序要求

拟适用兜底条款的行为，要在审理报告等文书中阐释适用的具体依据及理由。需要说明的是，中央纪委公布的指导案例《张某退休后违规接受宴请案》（2021 年指导性案例第 4 号），明确退休党员领导干部违规接受宴请、收受礼品礼金行为，均适用《纪律处分条例》第一百二十一条（有其他违反廉洁纪律规定行为）适用，可作为类案处理依据。同时，应落实请示报告制度，适用兜底条款要集体研究、充分论证，必要时向上一级纪委请示，防止偏差。

30
不履行社会责任行为

【典型案例】

侯某，中共党员，某大学艺术学院教授，该省知名国画画家。2024 年 1 月，侯某应邀参加市民政局、市慈善协会主办的失学儿童救助活动启动仪式。侯某在发言时明确表示将以个人名义捐助 50 万元，市电视台对侯某进行采访，侯某再次作出捐助 50 万元承诺，并现场签订了捐助协议。事后，市慈善协会向侯某催要捐款，但侯某以“自己一时激动，未表述清楚”等各种理由拒绝捐款，表示自己只能捐助几幅画。2024 年 1 月，市慈善协会依据《中华人民共和国慈善法》（以下简称《慈善法》）第四十一条规定，向法院提起诉讼并胜诉。侯某上述行为均造成严重不良影响，引发群众非议。

【案例评析】

关于侯某上述行为的定性，主要有以下三种意见：

第一种意见认为，侯某的行为不构成违纪。慈善捐助系个人自愿，侯某虽然承诺捐款并签订捐款协议，但捐款数额巨大，不排除确系一时冲动作出捐款决定的可能。侯某作为知名画家，捐助几幅画作已体现其热心慈善的态度，认定其违纪过于苛求。

第二种意见认为，侯某的行为违反工作纪律。侯某身为高校教师，在公益活动上作出捐款承诺，实际上自我赋予了履行慈善捐款的义务，上述义务与其教学职责本质上都是奉献社会的职责。侯某拒不履行慈善捐助职责，造成不良影响，应当依据《纪律处分条例》第一百四十九条（不正确履职行为）予以处理。

第三种意见认为，侯某的行为违反生活纪律。侯某作为高校教师和知名画家，向来以慈善人士形象示人，其出席公益活动，签订捐助协议并公开承诺捐款，但不守信用、出尔反尔，损害了教师和艺术家形象，违反生活纪律。同时，侯某违背捐款承诺和捐助协议行为，违反《慈善法》第四十一条规定。综上，侯某的行为同时违反生活纪律和国家法律法规，从行为特征和道德角度看，可认定违反生活纪律，应依据《纪律处分条例》第一百五十四条（有其他严重违反社会公德行为）予以处理。同时，为体现行为特征的全面性，在表述违纪违法事实时，将违反《慈善法》相关规定客观表述，并作为情节考量。

我们同意第三种意见。

教育部《关于教师参与志愿服务活动的指导意见》明确规定，要大力弘扬奉献、友爱、互助、进步的志愿精神，按照广泛参与、长期坚持、注重实效的要求，结合教师职业特点和优势，发挥教师志愿服务的示范效应和育人功能。高校教师尤其是知名学者参与社会公益活动，是展示教师形象的重要途径，也是其履行社会责任的重要体现。本案例中，侯某作为知名国画画家，在参加社会公益活动发言时明确表示将以个人名义捐助，但后来又公然反悔，以几幅画作冲抵捐助，造成不良影响，损害了高校教师形象。鉴于诚实守信是我国公民的基本道德规范和社会主义核心价值观之一，故侯某违反承诺同时违反社会公德，应予严肃处理。

从《新时代高校教师职业行为十项准则》第十条规定高校教师“积极奉献社会，履行社会责任，贡献聪明才智，树立正确义利观”文义，以及执纪执法实践看，认定高校教师不履行社会责任行为需要重点把握以下两点：

一是必须具有参加相关社会活动的义务。从追究责任角度看，这种社会活动具有较强的法定性和义务性，主要包括三种义务：其一是党组织或主管部门统一部署的工作提出服务社会要求。如教育部《关于教师参与志愿服务活动的指导意见》明确规定，学校领导和党员教师应率先参加志愿服务活动，发挥模范带头作用。其二是自身的特殊职责，如高校教师中人大代表、政协委员等根据工作需要参加社会活动。其三是因参加活动、加入协会等组织或者法律规定、约定而赋予必须履行的某项社会职责。如本案例中，侯某在参加捐助活动前，并无捐助的义务，但其作出捐助承诺、签订捐助协议后，基于《慈善法》和道德约束，应当履行捐助义务。

二是必须造成不良影响等后果。不履行社会责任是违规性的体现，是否需要追究行为人的纪法责任，还需要考虑是否造成不良影响等严重后果。如本案例中，侯某在具有捐助能力的情况下，拒不兑现捐助承诺，引发司法诉讼，造成不良影响。同时，还需要考虑行为人不履行社会责任的具体原因、社会责任具体性质，以及不履行社会责任行为是否违反相关党纪条规关于违纪违法行为构成等要素。如侯某决定捐助后，因财务状况出现重大变动，确无能力继续履行捐助的，依据《慈善法》等相关规定，可不再强制履行，也就不必再给予纪律处分。

需要注意的是，根据《关于教师参与志愿服务活动的指导意见》等规定，高校教师可在知识服务、科学普及、文化宣传、政策咨询、专业培训等方面，积极开展科技文化医疗服务下乡进社区、科技成果惠民生、专业对口支援交流、生态环境保护、社会调查和政策建议、扶危济困、应急救援、重大活动服务等志愿服务活动，为国家经济和社会发展提供智力支持和技术服务，如校企合作、顶岗锻炼、项目评估。退休教师可到学校、社区及农村薄弱地区，开展青少年革命传统教育、教学技能传帮带、传统文化弘扬、关心下一代等志愿服务活动。有的基于参加的协会、社团等社会组织，需要履行学术交流、科研帮扶等社会责任。如根据组织的安排，相关教师无正当理由拒不参加上述工作或活动，以及不正确履行上述职责或义务的，造成不良影响的，均系不履行或不正确履行社会责任的具体表现。

实践中，高校教师不履行社会责任行为，根据行为人的主体和不同的表现情形，涉及纪、法等不同定性，主要有以下几种定性：

1. 违纪行为。一是违反生活纪律行为。由于部分社会责任与高校教师本职工作无直接关系，不履行或不正当履行，从社会道德层面评价更加符合行为本质和特征，故此类行为一般认定为违反生活纪律，可依据《纪律处分条例》第一百五十三条（在公共场合有不当言行）、第一百五十四条（有其他严重违反社会公德行为）予以处理。二是违反工作纪律。如不履行社会责任行为系组织安排，或与其工作、岗位有直接关联，或者已成为其工作职责的一部分，可依据《纪律处分条例》第一百四十九条（不正确履职行为）予以处理。

2. 违法行为。前述利用职权实施的违纪行为，或者高校非党员教师，依据《政务处分法》（公职人员）或《事业单位工作人员处分规定》（非公职人员）等规定，构成职务违法。同时，如相关行为同时违反《慈善法》等相关法律法规的，也构成违法。此外，要结合个案把握好出入错。对偶尔不参加社会工作、不履行社会责任的，在未造成严重后果，情节相对较轻等情形下，可不认定为违纪，可给予批评教育、责令检查等第一种形态处理措施。

【需要注意的问题】

☞ 关于取证思路

以本案例为例，应当调取以下证据：一是侯某、市慈善协会有关人员及部分在场其他人员的言词证据，证明侯某参加慈善活动的时间、地点、所作出捐助具体经过和内容。二是书证、物证等材料，包括侯某签订的捐助协议、法院的判决书、现场作出捐助和接受采访的视频材料等。

31
利用学校资源谋取私利行为

【典型案例】

董某，中共党员，A 省 H 大学教授。董某同时任某法律职业资格考试培训机构教师、股东，在业内小有口碑。2020 年 3 月，董某代表该培训机构与 H 大学后勤集团签订房屋租赁协议，约定培训机构承租 H 大学后勤集团闲置的实验楼五楼教室，租期 4 年。在租赁期间，董某与后勤集团因培训影响学校教学、培训机构转租房产等多次发生矛盾，后期后勤集团以学校名义起诉至法院，要求提前解除租赁合同。经查，租赁合同明确约定，未经学校同意不得转租，但董某未经学校同意擅自将其中 5 间教室转租给他人。该市 B 区人民法院判决学校胜诉，要求培训机构限期迁出教室。但董某拒绝腾退，并在判决生效后继续占用学校的房产长达半年。2024 年 1 月，B 区人民法院根据H大学的申请，强制将董某等人迁出实验楼五楼，引发大量师生围观并上传网络。另查明，董某未经学院同意，在培训机构招生材料中擅自注明“H大学法律资格考试培训班”等内容。董某的上述行为均造成严重不良影响。

【案例评析】

关于董某上述行为的定性，主要有以下三种意见：

第一种意见认为，董某的行为均不构成违纪。董某使用学校房产是基于租赁合同，虽在法院判决后有继续占用行为，但仍属于合同纠纷范畴。董某使用学院名义举办培训班，鉴于董某系知名教授，其所在的培训机构小有名气，宣传法律培训客观上也扩大了学院的知名度，即便使用不当也属于民事纠纷范畴，不属于纪律和法律调整范畴。综上，不宜认定董某违纪。

第二种意见认为，董某的行为违反工作纪律。董某身为高校教师，不正当履行教师职责，占用学校房产，利用学校资源为其谋利，应当依据《纪律处分条例》第一百四十九条（不正确履职行为）规定予以处理。

第三种意见认为，董某的行为均违反国家法律法规。董某身为高校法学院教师，本应模范遵守法律法规，但其与学校就承租房产问题发生民事纠纷，在法院判其腾退房产后，仍占用学校房产长达半年之久，系拒不执行法院判决行为，违反《中华人民共和国民事诉讼法》第二百二十九条（强制迁出房屋等）规定，予以处理。此外，董某擅自使用法学院名义用于培训班宣传，违反《中华人民共和国广告法》第二十四条（教育、培训广告不得含有利用科教育机构的名义或者形象作推荐、证明）等规定，鉴于上述行为均造成了不良影响等后果，应依据《纪律处分条例》第三十条（违反国家法律法规行为）规定予以处理。

我们同意第三种意见。

《行政事业性国有资产管理条例》第三条规定，行政事业性国有资产属于国家所有，实行政府分级监管、各部门及其所属单位直接支配的管理体制。第五十四条规定，任何单位和个人不得非法占有、使用国有资产。公办高校系国有事业单位，学校资产，除明确属于个人合法产权外，均属于国有资产。本案例中，董某身为教授，为一己私利，长期违法占用学校房产谋利，显属违规。需要注意的是，有观点认为，《纪律处分条例》第三十条（违反国家法律法规行为）中的“法律法规”，主要指《治安管理处罚法》等行政法律法规等社会管理类法律，董某的行为系拒不执行民事判决等行为，故不宜认定为违反国家法律法规，不能适用《纪律处分条例》第三十条。我们认为，该观点较为片面，《纪律处分条例》第三十条并未排除民事法律法规，党员具有模范遵守法律法规义务，遵守民事法律法规室遵守法律的应有之义。本案例中，董某违反民事法律法规造成不良影响，损害党员遵纪守法形象，具有惩戒必要性，故可适用《纪律处分条例》第三十条规定。

从《新时代高校教师职业行为十项准则》第十条不得“假公济私，擅自利用学校名义或校名、校徽、专利、场所等资源谋取个人利益”文义及执纪执法实践看，需要重点把握以下几点：

一是必须是利用学校资源。学校资源范围较广，既包括学校房产、场地等固定资产，也包括学校校名、专利等无形资产。实践中，只要利用的资源与学校有直接的关系，或者导致从第三方角度看误以为与学校存在一定关系等后果的，均可视为利用学校资源。

二是必须是谋取个人利益。个人利益范围较广，涉及政治、经济、社会影响等各方面，包括，本人或者接受请托为第三人谋利。比如，为其本人或特定关系人的经营活动谋取利益，但谋取的利益是否合法正当，可能对情节和处理结果产生影响，但不影响行为定性。此外，对利用学校资源谋取学校或学生集体利益的，不构成本违规行为，构成违反工作纪律等其他违纪行为的，按照其规定处理。

实践中，利用学校谋取私利行为，根据行为人的主体和不同的表现情形，涉及纪、法、罪等不同定性。具体而言，主要有以下几种：

1. 违纪行为。一是违反廉洁纪律行为。如利用职权或者职务上的影响，违规占用公物归个人使用，时间超过六个月，或者占用公物进行营利活动，依据《纪律处分条例》第一百一十二条规定处理。二是违反工作纪律。如不正确履行职责，但未谋取不正当经济利益，可依据《纪律处分条例》第一百四十九条（不正确履职行为）处理。三是其他违纪行为。如利用职权向社会群众摊派费用等损害群众利益行为的，依据《纪律处分条例》第一百二十二条规定处理。

2. 违法行为。前述利用职权实施的违纪行为，或者高校非党员教师，依据《政务处分法》（公职人员）或《事业单位工作人员处分规定》（非公职人员）等规定，构成职务违法。利用学校资源谋取私利，破坏社会秩序，依据《治安管理处罚法》等规定处理。其中，对未超过六个月的追责时效的，按程序移交相关公安机关处理。如本案例中董某在培训机构广告中擅自使用学校法学院宣传，依据《中华人民共和国广告法》第五十八条规定，可由市场监督管理部门责令停止发布广告，责令广告主在相应范围内消除影响，处广告费用一倍以上三倍以下的罚款，广告费用无法计算或者明显偏低的，处十万元以上二十万元以下的罚款等处理措施。

3. 职务犯罪行为。如利用职权长期占用学校设备等财物，数额较大的行为（最高人民法院、最高人民检察院《关于办理贪污贿赂刑事案件适用法律若干问题的解释》规定，关于职务侵占罪的立案标准为六万元以上），可依据《刑法》第二百七十一条规定处理。行为人具有国家工作人员身份或帮助国家工作人员侵吞、窃取、骗取或者以其他手段非法占有学校财物的，数额较大或存在严重情节的，涉嫌贪污罪。此外，违反国家专利法规，假冒学校专利的，违法所得数额在十万元以上的，涉嫌假冒专利罪，依据《刑法》第二百一十六条规定处理。

需要说明的是，对行为人利用学校资源谋取不正当利益，可以按规定予以收缴、追缴。此外，要结合个案把握好错与非错的界限。对偶尔利用学校资源谋利，在造成严重后果，情节相对较轻等情形下，可不认定为违纪，给予第一种形态处理措施。

【需要注意的问题】

☞ 利用学校资源谋取私利行为具体表现形式

实践中，利用学校资源谋取私利行为主要包括以下情形：

1. 违规以学校的名义私下开展营利活动。有的以学校名义举办培训班谋利。如本案例中，董某以学院名义开办资格考试培训班，虽然董某系业内名师，但客观上利用了学院影响力。

2. 占用学校场所开展活动。有的私下或违规占用学校房产、广场等公共财产或空间，开展学术研讨交流、业外活动。如本案例中，董某在法院生效判决要求其及时腾退房产情况下，仍违规使用房产。

3. 利用学校专利获利。有的利用学校科研成果，谎称个人成果，与他人签订专利使用协议获利。

4. 违规使用校名、校徽等。有的虽未直接以学校名义开展有关活动，但在现场标识、宣传等材料上使用校名、校徽或者能够代表学校的特定建筑物标识以及校名的规范化简称。

5. 违反上级主管部门、学校等规定，违规使用学校名称强化行为人的身份，以谋取个人私利。如有的高校教育主管部门或高校党委等规定，高校教职工出版个人著作，拟标注作者所在单位的，应当事先报学校党委宣传部门批准。有的未经学校允许在自己的著作上注明系某高校教授。

综上，利用学校资源谋取利益行为是否符合规定及是否需要给予纪律处分，应综合考量以下因素：一是是否经过学校或其主管部门批准。二是利用学校资源的具体对象、持续时间、是否具有特定的历史背景。有的使用行为系长期实践形成的约定俗成惯例，学校处于默许状况。三是使用后是否给予学校适当的补偿或支付相应的费用。如使用场地、建筑物等行为。四是是否违规获得利益及利益大小、是否造成不良影响。五是违规使用行为是否违反相关党纪条规相关规定。

☞ 关于取证思路

以本案例为例，应当调取以下证据：一是董某及学校后勤集团有关人员的言词证据，证明董某所在的培训中心与后勤集团签订协议的背景、履约经过、矛盾由来及具体情况、法院判决后相关房产腾退过程等。二是书证材料，包括房屋租赁协议、法院关于租赁纠纷判决书、判决生效后执行材料、培训班以学院名义开展招生和教学材料等。三是造成严重不良后果证据。如网络曝光、师生负面评价等材料。

32

高校公职人员受贿行为

【典型案例】

王某，某职业技术学院后勤基建处处长，负责学院基础建设工作。2022 年 3 月，工程建筑商张某找到王某，表达想要中标学院食堂改造工程项目的想法，并送给王某购物卡 3 万元，王某收下后未明确表态。此后，张某顺利中标食堂改造项目。经查，张某中标符合招投标程序，王某并未提供帮助。

【案例评析】

关于王某收受张某 3 万元购物卡的行为如何定性，主要有以下两种意见：

第一种意见认为，王某虽收受了张某财物，但既未承诺为张某谋取利益，也未利用职务上的便利实施为张某谋取利益的行为，同时考虑到数额相对不大，王某的行为属于收受可能影响公正执行公务的礼金，违反廉洁纪律。

第二种意见认为，王某虽然未明确表态，也未具体实施为张某谋利的行为，但王某在明知张某有具体请托事项情况下仍收受其价值3万元的财物，其职务行为的廉洁性和不可收买性已受到侵害，构成受贿犯罪，应当依据《刑法》第三百八十五条规定处理。

我们同意第二种意见。

《刑法》第三百八十五条规定，受贿罪是指国家工作人员利用职务上的便利，索取他人财物的，或者非法收受他人财物，为他人谋取利益的行为。其中，“为他人谋取利益”是认定受贿罪重要的条件之一。实践中，一些领导干部为规避查处，千方百计淡化“为他人谋取利益”，在行贿人提出请托事项时，没有明确态度，但仍然收下财物，案发后又以未谋利或未接受请托等为由辩称收受财物行为不构成犯罪。为此，最高人民法院、最高人民检察院《关于办理贪污贿赂刑事案件适用法律若干问题的解释》明确规定，明知他人有具体请托事项，视为“为他人谋取利益”。本案例中，王某明知张某有承包食堂改造工程的想法，仍然收受财物，从表面上看，王某未表示是否愿意帮助，其收受了财物；从生活经验看，王某实际上接受了张某的请托。至于后续是否提供帮助及具体帮助大小，不影响上述行为权钱交易本质，故王某构成犯罪。

对于高校公职人员来说，受贿罪具体包括以下构成要件：

关于犯罪主体。受贿罪的主体是国家工作人员，在高校中主要是指国有高校中从事公务的人员，以及国有高校委派到非国有高校从事公务的人员；民办高校工作人员不构成本罪。需要说明的是，国家工作人员属于公职人员，但公职人员范围较广，未必都是国家工作人员，未担任管理职务的高校普通教师，在非公务活动中收受贿赂的行为不构成本罪，但在授权、委托从事公务活动时，其受贿行为则构成本罪。

关于犯罪客体。受贿罪侵犯的是复杂客体，主要包括国有高校的正常管理活动和高校国家工作人员职务行为的廉洁性。

关于犯罪主观方面。受贿罪行为人在主观方面表现为故意，只有行为人是出于故意所实施的受贿犯罪行为才构成受贿罪，过失行为不构成本罪。

关于犯罪客观方面。受贿罪在客观方面主要表现为，高校中从事公务的人员具有利用职务上的便利，向他人索取财物，或者收受他人财物并为他人谋取利益的行为。正确理解上述内容，需要把握以下几点：

一是关于“利用职务上的便利”的认定。根据相关司法解释，“利用职务上的便利”，是指高校国家工作人员利用本人职务范围内的权力，即自己职务上主管、负责或者承办某项公共事务的职权及其所形成的便利条件包括：利用本人职务范围内的权力，即利用本人在职务上直接处理某项事务的权利，如本案例中王某就是利用其担任后勤与基建处处长职务，具体负责学校项目工程建设这一便利条件，收受张某财物的；利用与本人职务有关的便利条件，即不是直接利用职权，而是利用本人的职权或地位形成的便利条件，本人从中向请托人索取或非法收受财物的行为。根据司法实践，利用与职务有关的便利条件，一般发生在职务上存在制约或相互影响关系的场合。

二是关于“财物”的认定。根据相关司法解释，本罪中的“财物”，包括货币、物品和财产性利益。财产性利益包括可以折算为货币的物质利益如房屋装修、债务免除等，以及需要支付货币的其他利益如会员服务、旅游等，后者的犯罪数额，以实际支付或者应当支付的数额计算。最高人民法院、最高人民检察院《关于办理商业贿赂刑事案件适用法律若干问题的意见》规定，收受银行卡的，不论受贿人是否实际取出或者消费，卡内的存款数额一般应全额认定为受贿数额。使用银行卡透支的，如果由给予银行卡的一方承担还款责任，透支数额也应当认定为受贿数额。

三是关于“为他人谋取利益”的认定。根据最高人民检察院《关于人民检察院直接受理立案侦查案件立案标准的规定（试行）》规定，索取他人财物的，不论是否“为他人谋取利益”，均可构成受贿罪。非法收受他人财物的，必须同时具备“为他人谋取利益”的条件，才能构成受贿罪。至于为他人谋取的利益是否正当、是否实现，不影响受贿罪的认定。根据《刑法》第三百八十八条的规定，高校国家工作人员利用本人职权或者地位形成的便利条件，通过其他国家工作人员职务上的行为，为请托人谋取不正当利益，索取请托人财物或者收受请托人财物的，以受贿罪论处。此种受贿又称斡旋受贿，要求为请托人谋取的利益必须是“不正当利益”。根据最高人民法院《全国法院审理经济犯罪案件工作座谈会纪要》规定，为他人谋取利益包括承诺、实施和实现三个阶段的行为。只要具有其中一个阶段的行为，如国家工作人员收受他人财物时，根据他人提出的具体请托事项，承诺为他人谋取利益的，就具备了为他人谋取利益的要件。明知他人有具体请托事项而收受其财物的，视为承诺为他人谋取利益。根据最高人民法院、最高人民检察院《关于办理贪污贿赂刑事案件适用法律若干问题的解释》第十三条规定，具有下列情形之一的，应当认定为“为他人谋取利益”，构成犯罪的，应当依照刑法关于受贿犯罪的规定定罪处罚：实际或者承诺为他人谋取利益的；明知他人有具体请托事项的；履职时未被请托，但事后基于该履职事由收受他人财物的。

本案例中，王某明知张某有具体请托事项，虽未明确表态，但并未直接拒绝张某，应当视为承诺为张某谋取利益。王某非法收受张某财物，且承诺为张某谋取利益，应构成受贿罪。

【需要注意的问题】

☞ 关于取证思路

以本案例为例，需要调取以下证据：一是王某、张某、学院后勤基建处相关人员的言词证据，证明张某向王某表达想要中标学校食堂改造工程的想法，张某向王某赠送 3 万元购物卡的具体过程，购物卡的来源、去向；张某在参与学院食堂改造工程项目招投标过程中，王某并未向有关人员打招呼给予张某关照的事实。二是相关书证，包括学院事业单位法人证书、王某干部任免审批表、任职文件、户籍证明及无违法犯罪记录证明，张某营业执照、身份证复印件，学院党委研究食堂改造工程项目公开招投标的会议纪要、会议记录，食堂改造项目招投标全过程材料、中标公示及中标通知书等材料。

☞ 罪与非罪的把握

由于构成本罪须具有主观故意，过失行为不构成本罪。如果高校国家工作人员为他人谋利益，而无受贿意图，后者以酬谢名义将财物送至其家中，由领导干部家属接收的，而领导干部一直不知情，不能以受贿论处。

☞ 与类似罪名的区别

本罪与非国家工作人员受贿罪的区别。非国家工作人员受贿罪，是指公司、企业或者其他单位的工作人员利用职务上的便利，索取他人财物或者非法收受他人财物，为他人谋取利益，数额较大的行为。两罪有一定的相似之处，主要区别在于三点：一是犯罪主体不同。受贿罪的主体是国家工作人员；而非国家工作人员受贿罪的主体是公司、企业、其他单位人员，即非国家工作人员。二是犯罪性质不同。受贿罪侵犯的是国家工作人员职务行为的廉洁性；非国家工作人员受贿罪侵犯的是非国有单位的正常管理制度及其工作人员职务的廉洁性。三是客观要件不同。受贿罪的“利用职务上的便利”，是利用行使对公共事务管理权的职权或者所形成的便利；非国家工作人员受贿罪的“利用职务上的便利”，则是利用非公职方面等职务之便。

33
贪污科研经费行为

【典型案例】

黄某，A 省 G 大学某二级学院教授。2017 年 1 月，黄某担任某横向科研项目负责人。2018 年 1 月，G 大学向黄某课题组下达了 2017 年年终绩效可发放金额上限为 90 万元的通知。黄某遂向 G 大学申请给 8 名学生发放年终绩效 50 万元（该 8 名学生银行卡都在黄某处保管）。2018 年 2 月，8 名学生银行账户收到上述年终绩效 50 万元，但随后黄某却要求 8 人将 50 万元转账汇入自己个人银行账户，并用于其个人理财和家庭支出，截至案发未归还。

【案例评析】

关于黄某套取 50 万元横向科研项目经费的行为如何

定性，主要有以下两种意见：

第一种意见认为，黄某作为高校普通教师、科研人员，不属于国家工作人员，其采取不正当手段套取科研经费，虽不正当但不应认定为犯罪。因为黄某从事的是科研活动，而非公务活动，其只要真实地从事了科研活动，按照项目合同书的要求进行和完成课题研究，就有权利获得相关经费，即使经费的取得系采用冒名套取等不正当手段，也不影响获取经费本身的合法性。

第二种意见认为，黄某身为国有事业单位工作人员，其在从事科研活动、管理使用科研经费过程中，属于从事公务的国家工作人员。黄某利用负责科研项目、支配使用科研经费的职务便利，采用虚列支出方式骗取科研经费50万元，其行为涉嫌构成贪污罪，应当依据《刑法》第三百八十二条规定处理。

我们同意第二种意见。

《刑法》第三百八十二条规定，贪污罪，是指国家工作人员利用职务上的便利，侵吞、窃取、骗取或者以其他手段非法占有公共财物的行为。《刑法》第九十三条规定，本法所称国家工作人员，是指国家机关中从事公务的人员。国有公司、企业、事业单位、人民团体中从事公务的人员……以国家工作人员论。公办高校作为国有事业单位，高校中从事公务的高校教职工，以国家工作人员论，可作为贪污罪主体。实践中存在一种误区，认为科研经费主要用于激发科研工作人员积极性，在科研经费管理上应当更加灵活，由于使用范围较广，客观上存在难以界定是否合规问题，故对违规使用行为容忍度较高。我们认为，科研经费进入高校科研处、财务处等管理部门后，无论其来源于财政经费还是社会资源，进入高校内部管理后，都属于公款，如利用职权侵吞、骗取，可能涉嫌贪污罪。本案例中，黄某利用科研项目管理等职权，虚列绩效方式骗取科研经费据为己有，涉嫌贪污罪，该行为与其他国家工作人员贪污公款行为并无本质区别，不能因为科研经费用途的特殊性而化公为私。

对于高校公职人员来说，贪污罪具体包括以下构成要件：

关于犯罪主体。贪污罪的犯罪主体为国有高校的国家工作人员，或受国有高校委托管理、经营国有财产的人员。本案例中，黄某是高校科研项目的负责人，科研项目负责人虽然不是行政职务，但对其所申报的项目进行管理，并对该项目成果负责，项目负责人具有推进项目、管理科研经费、发放劳务报酬等具体职责，可以认定为管理人员。依据《监察法》第十五条规定，科研项目负责人属于科研单位中从事管理的人员，依法应属于公职人员。

关于犯罪客体。贪污罪侵犯的客体为公共财物的所有权和国有高校的正常活动以及职务的廉洁性。科研经费根据项目及经费来源不同，分为纵向科研经费和横向科研经费，本案例中黄某套取的就是横向科研项目经费。纵向科研经费系由各级政府部门批准立项的科研项目经费，来源于国家财政拨款，其性质属于国有财产。横向科研项目一般是指高校或科研院所接受第三方委托进行的各类科研开发、科技服务、科技研究等项目，双方权利义务依照科研服务合同加以界定。虽然横向科研经费因其来源非为公款，但行为人侵吞横向科研经费的行为依然构成贪污罪。

具体而言，首先，高校科研项目课题组科研人员及课题组负责人，即使对科研经费并不具有所有权，仅具有依照预算及相关经费管理规定、项目协议书规定加以使用的权利，但不代表可以随意处置科研经费。其次，横向科研经费与纵向科研经费在本质上并无不同。根据教育部、财政部《关于进一步加强高校科研经费管理的若干意见》规定，高校取得的各类经费，不论其资金来源渠道，均为学校收入，必须全部纳入学校财务部门统一管理、集中核算，并确保科研经费专款专用。鉴此，科研经费不论其资金来源渠道，划拨、转入至承接项目的高校后，均属于高校的公共财产。高校性质属于国有事业单位的，相关科研经费的性质则属于国有资产。最后，科研项目的立项、实施、验收、鉴定不是课题组负责人个人单打独斗、单枪匹马就能完成，离不开高校组织并提供的相关科研力量、配套的关联学科人才和提供符合条件的实验场地和科研设备，也离不开高校利用自身资源和品牌效应保障科研项目顺利立项、实施、验收、评估鉴定、成果转化等。无论是在硬件还是软件上，项目课题组都依托于所在的高校。因此，认定科研经费进入项目承担单位的高校属于学校的资金，符合权责利一致的原则，明显具有合理性。科研项目负责人必须按照学校相关规定合理使用科研经费，不得违反规定使用虚开发票虚列开支等方式套取科研经费占为己有，损害国家、高校的利益。

综上，虽然横向科研项目与纵向科研项目的经费来源不同，管理机构层级、相关规定也有较大差异，但是在项目承担单位均为高校而非具体科研人员的情形下，项目科研经费总体仍属于公共财物的性质没有改变。

关于犯罪主观方面。贪污罪在主观方面必须为直接故意，并具有非法占有科研经费的目的，过失不构成本罪。

关于犯罪客观方面。贪污罪在客观方面主要表现为，利用职务之便，侵吞、窃取、骗取或者以其他手段非法占有科研经费的行为。正确理解上述内容，需要把握以下几点：

利用职务的便利。利用职务上的便利，指高校国家工作人员利用本人职务范围内主管、管理、经手科研经费的权力及方便条件。无论是纵向科研项目还是横向科研项目，国家主管部门、省市相关部门及高校各层级制定的对科研项目及资金进行管理的各类规范性文件，除规定不同层级的主管部门对科研项目及资金进行监管、监督外，还规定科研项目课题组负责人必须对科研经费的使用等进行具体管理。因此，课题组负责人不仅是科研的负责人，而且还是科研经费管理环节中的重要一环。课题组负责人使用发票等财务凭证向所在高校报销相关经费时，其实质上就经手了科研经费的使用、处置等。经手是管理职权的一种表现方式，可见经手人员拥有职务上的便利。

侵吞、窃取、骗取或者以其他手段非法占有科研经费。依据刑法规定，高校国家工作人员贪污科研经费的行为有以下四种手段：一是侵吞。侵吞是指利用职务上的便利，采取涂改账目、收入不记账等手段，将自己依照职权管理、经手的科研经费非法占为己有。二是窃取。窃取是指利用职务上的便利，采取监守自盗的方法，将自己依职务保管占有或与他人共同保管的科研经费非法占为己有。

三是骗取。骗取是指利用职务上的便利，采用虚构事实或者隐瞒真相的方法，将科研经费非法占为已有。四是其他手段。是指采取侵吞、窃取、骗取以外的其他利用职务之便的手段，非法占有科研经费。例如先“挪用”或“借用”、后携财物逃跑，将科研经费非法占为已有，此种行为无论之前“挪用”或“借用”时是否具有非法占有的故意，潜逃的实际行动导致其主观状态已具有贪污的故意。根据最高人民法院《关于审理挪用公款案件具体应用法律若干问题的解释》第六条的规定，携带挪用的公款潜逃的，直接以贪污罪定罪处罚。

非法占有。非法占有科研经费，既包括本人非法占有，也包括使特定关系人等关系密切的人非法占有；既包括对科研经费进行事实上的占有，如转移到自己账户上或采取其他方式进行实际控制，也包括法律上的处分，如将科研经费用于个人支出。本案例中，黄某身为科研项目负责人，利用对科研经费管理上的便利，违反国家、省及学校关于科研、教育等经费的管理规定，以发放年终绩效为名目骗取科研经费，将相关科研经费用于个人使用，具有非法占有目的，属于贪污行为，数额达 50 万元，构成贪污罪。

【需要注意的问题】

☞ 关于取证思路

以本案例为例，需要调取以下证据：一是黄某和其学生等人的言词证据，证明黄某以发放学生绩效为名目骗取科研经费用于个人使用，重点核实黄某是否具有非法占有科研经费的主观故意和赃款的用途去向。二是相关书证，包括证明黄某的身份、职务及科研项目中具体管理职责的文件；发放“年终绩效”转款、消费记录；该科研项目有关情况、相关规定和管理办法等材料。

☞ 罪与非罪的把握

在认定贪污罪与一般贪污违法行为时，实质上看是否达到立案标准。最高人民法院、最高人民检察院《关于办理贪污贿赂刑事案件适用法律若干问题的解释》第一条采取“数额+情节”的方式确定贪污罪立案标准。

1. 在一般情况下，3 万元是追究行为人刑事责任的标准。具体而言，贪污数额在 3 万元以上不满 20 万元的，应当认定为《刑法》第三百八十三条第一款规定的“数额较大”，依法判处 3 年以下有期徒刑或者拘役，并处罚金。

2. 具有较重情节，1 万元可追究行为人刑事责任。贪污数额在 1 万元以上不满 3 万元，具有下列情形之一的，应当认定为《刑法》第三百八十三条第一款规定的“其他较重情节”，依法判处三年以下有期徒刑或者拘役，并处罚金：贪污救灾、抢险、防汛、优抚、扶贫、移民、救济、防疫、社会捐助等特定款物的；曾因贪污、受贿、挪用公款受过党纪、行政处分的；曾因故意犯罪受过刑事追究的；赃款赃物用于非法活动的；拒不交待赃款赃物去向或者拒不配合追缴工作，致使无法追缴的；造成恶劣影响或者其他严重后果的。

☞ 与类似罪名的区别

本罪与职务侵占罪的区别。职务侵占罪指公司、企业或者其他单位的人员，利用职务上的便利，将本单位财物非法占为己有，数额较大的，处五年以下有期徒刑或者拘役；数额巨大的，处五年以上有期徒刑，可以并处没收财产。两罪的区别主要表现为犯罪主体不同，贪污罪的主体是国家机关工作人员以及受国家机关、国有公司、企业、事业单位、人民团体委托管理、经营国有财产的人员；而职务侵占罪的主体是非国家工作人员。

34
利用影响力受贿罪

【典型案例】

包某，中共党员，某大学党委书记。范某，退休职工，系包某的妻子，退休后痴迷美容养生。

2023 年 9 月，该大学启动一批中层干部选拔任用工作，中文系主任刘某为谋求文学院副院长职务，主动向包某表达自己的想法，包某未置可否，只是表示刘某安心做好工作，组织上会根据表现作出决定。刘某与范某较为熟悉，请托范某美言，并送给某会所美容卡、保健卡、现金等价值共计 20 万元，范某承诺会尽力推荐。但范某没有刻意向包某推荐，只是在闲聊时向包某推荐刘某，表示刘某为人老实忠厚，工作能力强，希望包某关心照顾。包某表示刘某业务水平过硬、口碑也很好，组织上准备将刘某列入文学院副院长人选。后包某向该大学组织部部长再次推荐刘某。刘某被提任文学院副院长。经查，包某对范某收受美容卡、保健卡一事不知情。

【案例评析】

关于范某收受 20 万元现金、消费卡以及为刘某职务提拔提供帮助行为如何定性，主要有以下三种意见：

第一种意见认为，范某的行为不构成犯罪。刘某一贯表现较好，本已列入组织考虑提拔范围，范某并非公职人员，其只是替刘某说了一次好话，从刑法谦抑性角度看，范某的行为难以认定为犯罪。

第二种意见认为，范某的行为构成诈骗罪。范某收受财物后，承诺尽力向包某推荐刘某，但实际上范某只是随口向包某提了一句，具有诈骗的故意，构成诈骗罪，应依据《刑法》第二百六十六条规定处理。

第三种意见认为，范某的行为涉嫌利用影响力受贿罪。范某作为高校领导干部的近亲属，收受请托人财物，通过打招呼的方式，为请托人谋取利益，应当依据《刑法》第三百八十八条之一规定，以利用影响力受贿罪定罪处罚。

我们同意第三种意见。

《刑法》第三百八十八条之一规定，利用影响力受贿罪，是指国家工作人员的近亲属或者其他与该国家工作人员关系密切的人，通过该国家工作人员职务上的行为，或者利用该国家工作人员职权或者地位形成的便利条件，通过其他国家工作人员职务上的行为，为请托人谋取不正当利益，索取请托人财物或者收受请托人财物。该条中的“影响力”实质上公权力的延伸，违规利用影响力最终侵害公权力的不可收买性。本案例中，范某利用包某担任该大学党委书记职权的影响力，为刘某职务提拔谋取利益，并收受刘某财物，涉嫌利用影响力受贿。需要注意的是，利用影响力要求为请托人谋取不正当利益，最高人民法院、最高人民检察院《关于办理商业贿赂刑事案件适用法律若干问题的意见》第九条规定，“谋取不正当利益”，是指行贿人谋取违反法律、法规、规章或者政策规定的利益，或者要求对方违反法律、法规、规章、政策、行业规范的规定提供帮助或者方便条件。在招标投标、政府采购等商业活动中，违背公平原则，给予相关人员财物以谋取竞争优势的，属于“谋取不正当利益”。本案例中，范某为请托人刘某提拔提供帮助，谋取的是组织人事领域竞争优势，系不正当利益。

对于高校公职人员来说，利用影响力受贿罪具体包括以下构成要件：

关于犯罪主体。利用影响力受贿罪的犯罪主体类型较多，主要有以下三种：

一是国家工作人员的近亲属或者其他与该国家工作人员关系密切的人。其中，“近亲属”主要是具有一定血亲或姻亲关系的人，包括夫、妻、父、母、子、女、同胞兄弟姐妹、祖父母、孙子女、外孙子女。“其他与该国家工作人员关系密切的人”主要是与相关国家工作人员之间具有共同利益关系的人，包括一定的政治利益、经济利益、情感利益（情人、恋人、友情关系等）等。认定上述人员范围的关键在于是否能够对国家工作人员的施加影响，影响其职权的行使。二是离职的国家工作人员。主要包括因退休、辞职、辞退以及开除公职等离开原有职务、岗位的人。三是离职的国家工作人员的近亲属以及其他与其关系密切的人。

关于犯罪客体。利用影响力受贿罪侵犯的客体是国家工作人员职务、职权的廉洁性。

关于犯罪主观方面。利用影响力受贿罪行为人在主观方面表现为故意，即知道或应当知道其对为他人违规谋取不正当利益行为，侵犯相关国家工作人员职务、职权的廉洁性，仍然希望或放纵上述结果的产生。

关于犯罪客观方面。利用影响力受贿罪在客观方面主要有以下四种表现情形：

一是国家工作人员近亲属或者与国家工作人员关系密切的人，通过该国家工作人员职务上的行为，为请托人谋取不正当利益。如案例中范某的行为即属于此情形。

二是国家工作人员近亲属或者与国家工作人员关系密切的人，利用该国家工作人员职权或地位形成的便利条件，通过其他国家工作人员职务上的行为，为请托人谋取不正当利益。假设本案例中范某没有向包某推荐请托人刘某，而是背着包某打着包某的旗号去找该大学组织部部长推荐刘某，即属于此种情形。

三是离职的国家工作人员，利用其原职权或地位形成的便利条件，通过其他国家工作人员职务上的行为，为请托人谋取不正当利益。假设本案例中包某已退休，向该大学现任党委书记等人打招呼推荐刘某，即属于此种情形。

四是离职的国家工作人员近亲属或者与国家工作人员关系密切的人，利用该离职的国家工作人员原职权或地位形成的便利条件，通过其他国家工作人员职务上的行为，为请托人谋取不正当利益。假设本案例中包某已退休，妻子范某背着包某打着包某的旗号向大学组织部部长等人打招呼推荐刘某，即属于此种情形。

除上述谋利行为外，国家工作人员近亲属等人必须具有索取请托人财物，或者非法收受请托人财物，数额较大或有其他严重情节的行为。其中，“收受他人财物”从收受方式看，既可以是行为人本人收受，也可以由行为人指定、认可的第三人收受。从财产种类看，不要求必须是现金、购物卡等，只要具有财产性利益的财物均可，如本案例中的美容卡、健身卡等消费卡与现金无本质区别。依据最高人民法院、最高人民检察院《关于办理贪污贿赂刑事案件适用法律若干问题的解释》第一条、第十条规定，利用影响力受贿数额在 3 万元以上不满 20 万元的，应当认定为《刑法》第三百八十三条第一款规定的“数额较大”，依法判处 3 年以下有期徒刑或者拘役，并处罚金。此外，受贿数额在 1 万元以上不满 3 万元，一般不追究刑事责任，但如具有曾因贪污、受贿、挪用公款受过党纪、行政处分的，为他人谋取职务提拔、调整的等 8 种情形，依法判处三年以下有期徒刑或者拘役，并处罚金。

【需要注意的问题】

☞ 关于取证思路

以本案例为例，需要调取以下证据：一是包某、范某、刘某及参与干部选拔任用工作等相关知情人言词证据，证明范某接受刘某请托，并收受美容卡以及向包某推荐刘某的过程。重点核实请托、收送财物及打招呼时间、地点及具体内容。同时，注意是否有串供行为，领导干部包某对范某收受财物的行为是否知情或知情时间。二是相关书证、物证，包括包某、范某及刘某等人身份及任职、分工等职责文件；刘某提任文学院副院长推荐、考察、会议纪要等书证；刘某所送的现金、美容卡等钱款来源、办卡充值记录、范某消费记录等。

☞ 罪与非罪的把握

对行为收受财物未达到上述 3 万元或 1 万元刑事立案标准，仍属于违反刑法规定的行为，行为人系党员的，可依据《纪律处分条例》第二十九条（纪法衔接条款）予以处理；系退休干部或公职人员的，给予相应政务处分或调整其退休待遇。如国家工作人员近亲属或者与国家工作人员关系密切的人，利用影响力受贿的，可依据《纪律处分条例》第九十四条（利用职权或职务影响为他人谋利，本人的配偶等收受对方财物），追究领导干部纪律责任。本案例中，包某应对范某利用其影响力谋利行为承担纪律责任。

☞ 与类似罪名的区别

利用影响力受贿罪与共同受贿的区别。区分两者的关键在于被利用的领导干部对行为人（接受请托的离职领导干部或领导干部的特定关系人等）收受财物行为事先并不知情。如事先知情，需区分以下情形处理：一是国家工作人员知情，与关系密切人通谋，利用职权谋利，国家工作人员与关系密切人构成共同受贿；二是近亲属向国家工作人员代为转达请托事项，收受请托人财物后告知该国家工作人员，或者国家工作人员明知其近亲属收受他人财物，仍按近亲属要求，利用职权为他人谋取利益的，国家工作人员与关系密切人构成共同受贿；三是近亲属以外的其他人与国家工作人员通谋，由国家工作人员谋利，收受请托人财物后共同占有的，国家工作人员与关系密切人构成共同受贿；四是特定关系人收受财物后，国家工作人员虽然事前不知情，但事后知道后，未退还或上交的，应当认定国家工作人员具有受贿故意。

此外，对接受请托的离职领导干部或领导干部的特定关系人等人，在收受财物时作出自己将通过国家工作人员为其谋利的虚假承诺，但实际上又不愿意向国家工作人员打招呼，或者客观上本来就不具备打招呼的条件或可能的，则涉嫌诈骗罪，可依据《刑法》第二百六十六条规定处理。本案例中范某有打招呼的行为，故不宜认定为诈骗。

35
私分国有资产罪

【典型案例】

李某，A 省 C 职业技术学院（以下简称学院）党委书记。2018 年 6 月至 2022 年 8 月，李某与学院其他领导共同商议，决定截留该学院下属培训中心收取的部分培训费，设立“账外账”，由李某和其他院领导共同支配、管理。其间，李某与其他院领导先后多次将截留培训费以奖励金、年节奖金、防暑降温费、补助等形式分发给 C 职业技术学院全体在编教职工，共计 100 余万元。

关于李某向 C 学院全体教职工发放 100 余万元奖金、补助的行为如何定性，主要有以下两种意见：

第一种意见认为，李某的行为不构成犯罪。李某与学院其他领导共同商议并设立“账外账”，并将 100 余万元培训费以奖励金、年节奖金、防暑降温费、补助等形式分发给全体在编教职工的行为，属于违规设立并使用“小金库”，系滥发奖金、津补贴行为，属于违纪违法范畴，不宜认定为犯罪。

第二种意见认为，C 学院行为涉嫌私分国有资产罪。李某身为 C 学院直接负责的主管人员，违反国家规定，利用职务便利，采用私设账目的方式截留公款，并以单位名义将国有资产集体私分给个人，数额巨大，致使国有资产流失，依据《刑法》第三百九十六条规定，应当追究李某的刑事责任。

我们同意第二种意见。

《刑法》第三百九十六条规定，私分国有资产罪，是指国家机关、国有公司、企业、事业单位、人民团体，违反国家规定，以单位名义将国有资产集体私分给个人，数额较大的行为。可见，私分国有资产罪是单位犯罪，但应追究主管人员等人责任。本案例中，C 学院经过集体商议，巧立名目发放“福利”，私分国有资产，已涉嫌犯罪，李某作为主要决策者，对私分行为发挥关键作用，发放数额高达 100 余万元，应负相应责任。实践中，有观点认为，C 学院涉嫌违规滥发津补贴行为，不宜认定为犯罪。我们认为，违规滥发津补贴行为在具体表现上，虽与私分国有资产有类似之处，但两者区别在于主观目的、发放依据和方式等。违规发放津补贴主观上没有私分国有资产故意，主要是对津补贴政策理解有偏差，主要目的是提高职工福利待遇，且在发放方式上，大多明确发放项目和所谓的依据，基本有迹可循。而私分国有资产目的是将国有财政等资金据为己有，明知私分动机不纯、行为违法，故大多采取以虚列项目、支出形式套取、截留等公款，以不入账或以其他名目入账等形式掩盖发放事实，故 C 学院并非违规发放津补贴等违纪行为。

就公办高校来说，私分国有资产罪具体包括以下构成要件：

关于犯罪主体。私分国有资产罪是单位犯罪，但根据法律规定只处罚私分国有资产的直接负责的主管人员和其他直接责任人员。需要注意的是，私分国有资产罪虽然是单位犯罪，高校的内设机构、部门也可以成为犯罪主体。最高人民法院《全国法院审理金融犯罪案件工作座谈会纪要》规定，“以单位的分支机构或者内设机构、部门的名义实施犯罪，违法所得亦归分支机构或者内设机构、部门所有的，应认定为单位犯罪，不能因为单位的分支机构或者内设部门没有可供执行罚金的财产，就不将其认定为单位犯罪，而按个人犯罪处理”。

关于犯罪客体。私分国有资产罪侵犯的客体，不仅是国有高校资产的所有权，还侵犯了国家的廉政建设制度。

关于犯罪主观方面。私分国有资产罪在主观方面表现为直接故意犯罪，行为人须明知是国有资产而故意违反国家规定，将国有资产集体私分给个人。高校私分国有资产罪是单位犯罪，犯罪主体是单位，因此，该罪的主观方面是指单位的犯罪故意。实践中，单位犯罪均由具体的自然人去实施的，单位的犯罪意志产生的前提是实施犯罪的单位成员的个人意志，但又不是个人意志的简单相加。对私分国有资产罪犯罪故意的认定，就是通过对直接负责的主管人员和其他直接责任人员的故意进行认定，从而认定单位犯罪的故意。

关于犯罪客观方面。私分国有资产罪在客观方面主要表现为，高校国家工作人员违反国家规定，以高校名义将国有资产集体私分给个人，数额较大的行为。如本案例中，李某作为C职业技术学院党委书记，与其他院领导共同研究截留培训费100余万元，分发给学院全体在编教职工，构成私分国有资产罪。正确理解上述内容，需要把握以下几点：

一是以单位名义。“以单位名义”是私分国有资产罪的本质特征，私分行为体现的是单位的意志，是在单位意志的支配下实施的，若私分行为不体现单位意志，不是

“以单位名义”进行的，就不能构成私分国有资产罪，而可能是其他犯罪。“以单位名义”体现的是集体或大多数人的意志，所以一般需要经过一定范围的具体研究决定。具体研究决定的方式，或是全体协商、表决后实施，或者部分负责人商定后实施，也或者是某个负责人决定后推行。由于国有高校实行的是党委领导下的校长负责制，高校主要领导不经研究而推行的带有职务、身份性质的决定，代表的也是高校的集体意志，同样是“以单位名义”的行为。因此，无论是高校党委、行政负责人个人决定，还是高校决策机构集体研究，或是全体成员共同决定，只要私分行为体现的是单位意志都应当认定为“以单位名义”。如本案例中，李某与其他院领导共同决定，符合单位决策机构集体研究决定，私分行为是在单位意志的支配下实施的。

二是集体私分给个人。“集体私分给个人”也是私分国有资产罪的重要特征，它应包含两方面的内容：一方面私分的受益者是个人而不是单位，将国有资产私分给单位内部的部门，则不构成私分国有资产罪；另一方面“集体私分”中的“集体”是指作出决定的是单位行为，而不是指获利的是单位。至于获利的个人是否达到全部或大部分，不是应有之义。如本案例中，C 职业技术学院先后多次将培训费100余万元分发给学校教职工，符合“私分的受益者是个人而不是单位”。

三是数额较大。“数额较大”是构成私分国有资产罪的标准之一。根据1999年9月最高人民检察院《关于人民检察院直接受理立案侦查案件立案标准的规定（试行）》，涉嫌私分国有资产，累计数额在10万元以上的，应予立案。它包含两方面的含义：一方面私分国有资产罪的数额是指单位私分的总额，而不是直接负责的主管人员或直接责任的其他人员的个人实际所得；另一方面立案标准所讲的数额10万是累计数额，也就是立案前所有私分行为数额的累计相加达到10万元的，就可以以私分国有资产罪追究刑事责任。如本案例中，私分国有资产数额高达一百余万元。

【需要注意的问题】

☞ 关于取证思路

以本案例为例，需要调取以下证据：一是调取李某、C职业技术学院其他院领导、财务处工作人员及部分教职工的言词证据，证明李某和其他院领导截留培训费、设立“账外账”的事实，以及研究私分培训费的具体过程、动议者、与会人员表态情况及后续发放过程等详细情况。二是相关书证，包括C职业技术学院事业单位法人证书、李某主体身份材料、干部任免审批表及任职文件、户籍信息、无犯罪前科证明，学院会议纪要、“三重一大”实行集体决策的规定，学院在编教职工名单、发放奖励金、防暑降温费等费用的明细表、银行流水、会计凭证等材料。

☞ 罪与非罪的把握

从对象上看，本罪的对象仅限于国有资产，私分非国有资产的不可能构成本罪。从数额上来看，集体私分国有资产只有数额达到较大的才能构成犯罪，否则只作一般违法、违纪行为处理。从手段上看，私分国有资产罪是国有单位有关人员精心策划，采用弄虚作假、隐瞒截留等手段攫取国家财产后予以私分的行为，对于一般滥发奖金实物的行为不认为构成本罪。实践中，对多年前在教师津补贴规定不够完善、收入分配机制尚未健全等特定背景下，看似私分性质的行为，要着眼于处理效果，慎重定性处理。

☞ 与类似罪名的区别

本罪与贪污罪的区别。从犯罪主体看，私分国有资产罪的主体是单位，表现为特定群体的犯罪意志，且具有非法将国有资产为单位成员谋利的目的；而贪污罪的主体是国家工作人员，以及受国家机关、国有公司、企业、事业单位、人民团体委托管理、经营国有财产的人员，体现的是贪污人的个体犯罪意志，具有将公共财产非法据为己有的目的。从客观方面来看，私分国有资产表现为违反国家规定，以单位名义为单位成员谋利；而贪污在客观上表现为利用职务上的便利，以侵吞、窃取、骗取等手段，非法将公共财物占为己有。从犯罪对象看，私分国有资产罪的犯罪对象是国有资产，侵犯国有资产所有权；而贪污罪的犯罪对象是公共财物，其范围要大于国有资产。从财物流向来看，私分国有资产罪中被私分的财物未必落入作出私分决定的人；而贪污罪中被贪污的财物往往落到贪污人手中。

36
为亲友非法牟利罪

【典型案例】

耿某，中共党员，某学院后勤集团有限公司（学院成立的国有企业，以下简称后勤集团）总经理。2022年以来，后勤集团多次采购茶叶、粮油等慰问品用于公务接待和工会慰问。上述商品大多在耿某的表弟王某、高中同学李某处购买。经查，上述采购项目均未进行比价和正常的采购程序，由王某、李某挂靠相关商贸公司供货。经价格认证中心认定，上述两人供应的价格均高于市场价格20%至40%，经食品检验部门认定，其供应的大米均系贴牌，质量较差。耿某的上述亲友非法获利共计100万多元，致使国家利益遭受重大损失。另查明，耿某还收受上述两人现金共计12万元。

【案例评析】

关于耿某行为的定性，主要有以下三种意见：

第一种意见认为，耿某的行为不构成犯罪，宜认定为违反廉洁纪律。耿某收受亲友的财物，可将耿某为亲友经营活动作为谋利行为，作违纪评价，由于已作为其受贿犯罪中的谋利手段，没有必要再单独认定为犯罪。

第二种意见认为，耿某的行为涉嫌非法经营同类营利罪。表面上看，耿某为亲友经营活动谋利，但实际上其收受了亲友的财物，而这些财物又来源于亲友经营所得，结合耿某利用职权长期为亲友经营活动谋利实际情况，其亲友的经营活动与其实际经营并无本质区别，鉴于其获得非法利益已达到 10 万元以上的追究刑事责任的立案标准，应依据《刑法》第一百六十五条规定处理。

第三种意见认为，耿某的行为涉嫌为亲友非法牟利罪。耿某身为高校党员领导干部和后勤集团主要负责人，利用职务便利，以明显高于市场的价格向自己的亲友经营管理的单位采购商品，使国家利益遭受重大损失的，应当依据《刑法》第一百六十六条规定处理。

我们同意第三种意见。

《刑法》第一百六十六条规定，为亲友非法牟利罪，是指国有公司、企业、事业单位的工作人员，利用职务便利，将本单位的盈利业务交由自己的亲友进行经营，或者以明显高于市场的价格向自己的亲友经营管理的单位采购商品或者以明显低于市场的价格向自己的亲友经营管理的单位销售商品，或者向自己的亲友经营管理的单位采购不合格商品，使国家利益遭受重大损失的行为。本案例中，耿某作为后勤集团负责人，在学院物资采购过程中，以明显高于市场的价格在其亲友处采购商品，造成学院利益遭受重大损失，涉嫌为亲友非法牟利罪。

对于高校教职工来说，为亲友非法牟利罪具体包括以下构成要件：

关于犯罪主体。为亲友非法牟利罪主体是国有公司、企业、事业单位的工作人员。所谓“工作人员”，指对所在单位的生产、经营活动等经济活动履行领导、组织、管理和决策等职能职责的人员。对高校来说，既包括高校中负责工程建设、采购等校领导、中层管理人员及具体负责相关经济活动人员，也包括本案例中实行公司化管理的后勤集团、服务中心等工作人员。

关于犯罪客体。为亲友非法牟利罪侵犯的客体为高校的管理秩序和财产利益。

关于犯罪主观方面。为亲友非法牟利罪行为人在主观方面表现为故意，即知道或应当知道为亲友经营活动谋取利益可能会造成国有资产重大损害，严重损害高校的管理秩序和财产利益，仍然希望或放纵上述结果的产生。如本案例中耿某长期为亲友提供商业交易机会，纵容亲友提供质次价高商品，亲友获得巨额利益，自身也收受财物，可推定对产生的后果主观上是明知或放纵的。

关于犯罪客观方面。为亲友非法牟利罪在客观方面主要表现为以下三种情况：

一是将本单位的盈利业务交由自己的亲友进行经营。比如，在高校系统，高校依法成立的科研公司、后勤集团往往有创收的要求，如将本单位的盈利业务交由亲友承揽，必然损害高校经济利益。

二是以明显高于市场的价格向自己的亲友经营管理的单位采购商品或者以明显低于市场的价格向自己的亲友经营管理的单位销售商品，本案例中耿某行为即属于此类。

三是向自己的亲友经营管理的单位采购不合格商品。此种情形要求行为人明知自己的亲友经营管理单位的商品系不合格商品，而仍决定购买。明知，既包括行为人确实知道是不合格商品，又包括行为人可能知道是不合格商品。当然，如果确实不知道是不合格商品而采购的，不构成本罪。

实践中，在具体认定时还需要注意以下几个问题：

一是“本单位盈利业务”的认定问题。“本单位”既包括行为人所在的单位，也包括该单位所属分支机构及其投资入股的公司、企业等。“盈利业务”是指行为人将该业务交由其亲友经营时，根据当时市场环境和经济预期，在正常经营管理条件下，有较大获利可能的业务；将上述盈利业务交由亲友经营后未获利的，不影响“盈利业务”的认定；盈利业务被拆分出的某一具体业务环节，仍属于“盈利业务”。

二是“交由亲友进行经营”的认定问题。“亲友”包括“亲属”和“朋友”。其中，“亲属”包括配偶、血亲和姻亲。“朋友”通常是指具有相对固定联系，并存在一定利益关系的第三人，需结合认识时间长短、在工作生活中是否存在一定交流交往以及有无经济往来等因素综合判断。“交由亲友”进行经营，既包括交由亲友个人经营，也包括交由亲友经营管理的单位经营。“进行经营”指实际经营性行为，应当付出一定的经营性劳动并承担相应经营性风险。对于亲友虽不参与其投资入股公司、企业的日常管理，但参与了业务决策、指挥并参与利润分配、承担经营风险的，应当认定为“进行经营”。

三是“明显高于或低于市场的价格”的认定问题。

“明显”低于或者高于的，目前没有统一的标准，全国各地应当根据区域经济发展的不同情况，以及标的物的实际情况进行综合判断，即当绝对数额较大，且差额占总价达到一定比率，即可认定为“明显”。“市场的价格”，是指商品的合理市场价格，一般可以委托人民政府价格主管部门的价格认定机构进行价格认定。是否“明显高于”或者“明显低于”，应当以商品的合理市场价格作为参照，并根据商业习惯以及社会上的一般观念进行判断，实践中可参照最高人民法院、最高人民检察院《关于办理贪污贿赂刑事案件适用法律若干问题的解释》相关规定予以把握。

四是“自己的亲友经营管理的单位”的认定问题。“自己的亲友经营管理的单位”，指行为人的亲友个人所有或者通过入股、项目合作、承包等方式参与经营管理、利润分配并承担经营风险的公司、企业。行为人的亲友系与其所在公司、企业以经营业绩考核结果相挂钩的方式确定薪酬结构的职业经理人（是指按照“市场化选聘、契约化管理、差异化薪酬、市场化退出”原则选聘和管理的，在充分授权范围内依靠专业的管理知识、技能和经验，实现企业经营目标的高级管理人员）的，该公司、企业可认定为行为人“自己的亲友经营管理的单位”。

五是“商品”的认定问题。“商品”，是指用于交换的劳动产品，通常包括《中华人民共和国产品质量法》第二条规定的“产品”、《中华人民共和国农产品质量安全法》第二条规定的“农产品”和《中华人民共和国药品管理法》第二条规定的“药品”等。市场经营活动中用作交易的知识产权、土地使用权、矿业权等，以及具有交易性质的提供服务、技术支持、工程及其运营维护保障等，均可认定为“商品”。

【需要注意的问题】

☞ 关于取证思路

以本案例为例，需要调取以下证据：一是耿某和其亲友王某、李某及后勤集团等相关知情人言词证据，证明耿某与王某等人具体关系、采购过程、签订合同情况等事实，重点核实耿某的具体职责、签订合同的基本程序和规定要求、收受王某等人现金具体经过及数额等。二是相关书证，包括证明耿某职责的干部任免审批表、负责后勤集团的文件、采购合同、进货单、财务凭证、价格认证中心认定的相关商品正常市场价格、采购商品质量检测材料、王某等人挂靠商贸公司的协议、王某等人的违规获利具体数额。

☞ 罪与非罪的把握

对未达到上述刑事立案标准的，可认定为违反廉洁纪律，依据《纪律处分条例》第一百零四条（利用职权或者职务上的影响为亲友经营活动谋利）处理。对非管理岗的高校教职工来说，如给予高校内部、教育主管部门内部处分的，依据违反党的纪律定性对应的处分予以分类，依据《事业单位工作人员处分规定》第十九条第（二）项（利用工作之便为本人或者他人谋取不正当利益的）处理。此外，对未利用职权的居中介绍行为，不构成本罪。

☞ 与类似罪名的区别

本罪与非法经营同类营业罪的区别。两者的最大区别在于客观方面不同。非法经营同类营业罪必须是行为人自己亲自经营同类营业的行为，主要表现在利用职权便利，为自己经营或者为他人经营与其所任职的公司、企业同类的营业，获取非法利益且数额巨大的行为。

☞ 准确把握立案标准

根据相关司法解释规定，国有公司、企业、事业单位的工作人员，利用职务便利，为亲友非法牟利，涉嫌下列情形之一的，应予追诉：造成国家直接经济损失数额在10万元以上的；使其亲友非法获利数额在20万元以上的；致使有关单位破产，停产、停业6个月以上或者被吊销许可证和营业执照、责令关闭、撤销、解散的；其他致使国家利益遭受重大损失的情形。

☞ 罪数问题

在为亲友非法牟利行为中，同时收受亲友财物且数额较大的，如本案例中耿某收受王某等人现金共计12万元，涉嫌受贿罪，应当与前述为亲友非法牟利罪并罚。需要注意的是，如行为人以明显高于市场的价格向自己的亲友经营管理的单位采购商品，行为人与亲友通谋分割利润情形，需区分事先是否就利润分配进行通谋准确定性。如在利用职权实施牟利行为前，行为人与亲友之间就相关利润分配达成合意的，实际上双方通过高校高价购买商品的方式共同侵吞高校公款，则构成为亲友非法牟利罪与贪污罪的想象竞合，可从一重认定为贪污罪；如果事先无通谋，而是事后出于感谢给予行为人数额较大的财物，对行为人来说，构成受贿罪，应与为亲友非法牟利罪并罚。

37

非国家工作人员受贿罪

【典型案例】

李某，中共党员，某大学电子信息工程学院教授。2019 年 8 月至 2023 年 9 月，李某利用其职务之便先后将张某、王某等 6 名省内其他高校学生安排到该大学借读，合计收受张某涛、王某玉等学生家长财物 6 万元。

【案例评析】

关于李某行为的定性，主要有以下两种意见：

第一种意见认为，李某的行为不构成犯罪。李某作为高校事业单位工作人员，利用自身从事教育工作职务之便，违规运作帮助其他高校学生到自己任职的大学借读，并收取家长好处费，其行为可认定为违反廉洁纪律和工作纪律，不宜认定为犯罪。

第二种意见认为，李某的行为涉嫌非国家工作人员受贿罪。李某身为高校教师，利用职务上的便利，为他人谋取利益，非法收受他人财物，数额较大，其行为涉嫌构成非国家工作人员受贿罪，应当依据《刑法》第一百六十三条处理。

我们同意第二种意见。

2007 年 10 月，最高人民法院、最高人民检察院《关于执行〈中华人民共和国刑法〉确定罪名的补充规定(三)》确定了非国家工作人员受贿罪罪名，同时明确取消“公司、企业人员受贿罪”罪名，由“非国家工作人员受贿罪”替代。该罪名覆盖公职人员之外的人员收受大额财务行为。《刑法》第一百六十三条规定，非国家工作人员受贿罪，是指公司、企业或者其他单位的工作人员利用职务上的便利，索取他人财物或者非法收受他人财物，为他人谋取利益，数额较大的行为。该罪名将公职人员之外的人员收受大额财物行为纳入刑事惩戒范畴。本案例中，李某虽非公务人员，但利用高校教师职务帮助他人借读，收受他人财物，涉嫌国家工作人员受贿罪。

对于高校工作人员来说，非国家工作人员受贿罪具体包括以下构成要件：

关于犯罪主体。非国家工作人员受贿罪的犯罪主体是国有高校中的非国家工作人员，以及民办高校中的工作人员。如高校及其他教育机构中的教师，利用教学活动的职务便利，以各种名义非法收受教材、教具、校服或者其他物品销售方财物，为教材、教具、校服或者其他物品销售方谋取利益，数额较大的，以非国家工作人员受贿罪定罪处罚。需要注意的是，根据最高人民法院、最高人民检察院相关司法解释，高校及其他教育机构中的国家工作人员，在教材、教具、校服或者其他物品的采购等活动中，利用职务上的便利，索取销售方财物，或者非法收受销售方财物，为销售方谋取利益，构成犯罪的，依照《刑法》第三百八十五条的规定，以受贿罪定罪处罚。高校及其他教育机构中的非国家工作人员，有前款行为，数额较大的，依照《刑法》第一百六十三条的规定，以非国家工作人员受贿罪定罪处罚。

关于犯罪客体。非国家工作人员受贿罪侵犯的客体是非国家工作人员职务活动的管理制度及其职责、岗位的廉洁要求。

关于犯罪主观方面。非国家工作人员受贿罪行为人在主观方面表现为故意，即非国家工作人员故意利用其职务之便接受或索取贿赂，为他人谋取利益。

关于犯罪客观方面。非国家工作人员受贿罪在客观方面主要表现为，非国家工作人员利用职务上的便利，索取他人财物或非法收受他人财物，为他人谋取利益，数额较大的行为。正确理解上述内容，需要把握以下几点：

一是“利用职务上的便利”的认定。一般来说，“利用职务上的便利”，是指高校非国家工作人员利用职务上主管、管理、经手公共财物的权力及方便条件。主管，是指行为人本人对公共财物具有调拨、统筹、使用的决定权、决策权。管理，是指具有监守、保管、使用公共财物的职权。经手，是指具有领取、支出等经办公共财物的某些方便条件，大体可以分为两种情形：直接利用本人职务范围内权力的行为，包括人权、物权和财权等；利用本人职权或地位形成的便利条件，也即间接地利用本人职权的行为。

二是“索取财物”和“收受财物”的认定。索取即高校非国家工作人员主动索要并且收取财物的行为。索取是受贿人主动提出；索取的方式既可以是明示的，也可以是暗示的，暗示的方法往往较为隐晦但对方能够领悟。

收受财物即被动地收取财物。在被动收取财物的情况下，还要求“为他人谋取利益”，这里的为他人谋取利益包括在收受财物前，也包括在收受财物后，前者即事后受贿，后者即事前受贿。不论是事前受贿还是事后受贿，都构成本罪。

三是“为他人谋取利益”的认定。对于“为他人谋取利益”，司法实务中主要有三种情形，包括承诺为他人谋取利益、着手实施为他人谋取利益和已经实现为他人谋取利益。当下的司法实务中，一般只要存在最低程度的承诺为他人谋取利益就可以认定本要件成立。所以，对于高校非国家工作人员收受了他人财物，虽没有利用职务便利为他人谋取利益，但其在收受他人财物时，根据他人提出的请托事项，承诺为他人谋取利益的，或者明知他人有具体的请托事项而收受他人财物的，一般认定构成此罪。

四是数额较大的认定。根据相关司法解释，非国家工作人员受贿罪中数额较大的起点，应为3万元人民币。

【需要注意的问题】

☞ 关于取证思路

以本案例为例，需要调取以下证据：一是李某、张某、王某、张某涛、王某玉及相关知情人的言词证据，证明李某帮忙将张某等6名学生运作安排到该大学借读的具体经过，以及收取6万元财物的详细过程。二是书证，包括李某身份证据材料、任职文件等职责范围材料、户籍证明、无犯罪纪律等前科查询证明，李某与张某涛、王某玉等人的微信或银行转账记录、张某等人学籍表、借读缴款证明等材料。

☞ 罪与非罪的把握

根据最高人民检察院、公安部相关司法解释，高校非国家工作人员利用职务上的便利，索取他人财物或者非法收受他人财物，为他人谋取利益，或者在经济往来中，利用职务上的便利，违反国家规定，收受各种名义的回扣、手续费，归个人所有，数额在3万元以上的，应予立案追诉。

以下行为不构成犯罪：一是高校非国家工作人员在法律、政策许可的范围内，通过自己的劳动换取合理报酬的，不属于利用职务上的便利受贿，不构成本罪。二是高校非国家工作人员接受亲朋好友的一般礼节性馈赠，没有利用职务上的便利为亲朋好友谋取利益的，不构成本罪。对收受可能影响公正执行公务或者明显超出正常礼尚往来的财物，可认定为违纪违法。

☞ 与类似罪名的区别

本罪与职务侵占罪的区别。职务侵占罪，是指公司、企业或者其他单位的工作人员，利用职务上的便利，将本单位财物非法占为己有，数额较大的行为。两罪的犯罪主体都是公司、企业或其他单位的人员，但犯罪对象不同。两罪比较容易发生混淆的情形是在经济往来中收取回扣或手续费的情况。区分两罪不应局限于形式，而应遵从实质标准，即以好处费的实质来源和所有权或权属作为界定标准。非国家工作人员受贿罪的犯罪对象是他人财物，是他人正常收益的一部分；而职务侵占的犯罪对象是本单位财物，通过他人之手套取、超出正常收益的部分。

38
签订、履行合同失职被骗罪

【典型案例】

荣某，中共党员，E 职业技术学院院长。

沈某，无业人员，曾系 B 省 G 学院临聘人员，与 G 学院一名副院长同名，曾多次冒充该副院长身份行骗但未被发现。

2020 年 3 月，E 学院决定与外校合作，开展联合办学工作。荣某负责牵头该项工作。2021 年 6 月，荣某经人介绍，与自称 G 学院“副院长”的沈某认识。其间，荣某多次接受沈某宴请，并收受其礼品。荣某在未认真核实沈某身份、深入考察、实地走访等情况下，即代表 E 学院与 G 学院签订合作办学协议，并向沈某提供的账户转入合作经费 100 万元。经查，沈某伪造 G 学院印章与 E 学院签订合作办学协议。直到沈某将上述经费取现后潜逃，荣某才得知被骗。

【案例评析】

关于荣某行为的定性，主要有以下两种意见：

第一种意见认为，荣某的行为不构成犯罪，宜认定为违反工作纪律。荣某在签订合作办学协议时，虽然未认真核查沈某真实身份，但沈某曾在G学院工作多年，熟悉G学院情况，且沈某多次行骗，可谓行骗经验丰富，故荣某被骗可认定为违反工作纪律，不宜认定为犯罪。

第二种意见认为，荣某的行为涉嫌国有事业单位人员签订合同失职被骗罪。荣某身为高校领导干部，对外签订合同时应当高度负责，避免其所管理的国有资产遭受损失，但其未核实沈某具体身份，贸然与之签订合同，导致学院遭受巨额经济损失，涉嫌签订合同失职被骗罪，应当依据《刑法》第一百六十七条规定处理。

我们同意第二种意见。

本案例中，荣某的风险和责任意识薄弱，未全面深入核查沈某真实身份，贸然与沈某签订合同，最终被骗100万元，造成国有资产损失，对此负有直接责任，涉嫌签订合同失职被骗罪。

《刑法》第一百六十七条规定，签订、履行合同失职被骗罪，是指国有公司、企业、事业单位直接负责的主管人员，在签订、履行合同过程中，因严重不负责任被诈骗，致使国家利益遭受重大损失的，处3年以下有期徒刑或者拘役；致使国家利益遭受特别重大损失的，处3年以上7年以下有期徒刑。高校领导干部负有审慎履职、监督管理高校资产，防止国有资产损失的重要职责。本案例中，荣某的风险和责任意识薄弱，未全面深入核查沈某真实身份，贸然与沈某签订合同，最终被骗100万元，造成国有资产损失，对此负有直接责任，涉嫌签订合同失职被骗罪。

对高校教职工来说，签订、履行合同失职被骗罪具体包括以下构成要件：

关于犯罪主体。签订、履行合同被骗罪的犯罪主体是国有高校的主管人员。民办高校工作人员不构成本罪。“主管人员”主要指负责对外签订、履行合同的主要负责人，包括校分管领导和中层负责同志。需要说明的是，前述人员虽然主要针对高校公职人员，但不限于高校公职人员，如未担任管理职务的高校普通教师，在授权、委托等工作需要对外代表学校签订、履行合同的，也可构成本罪。关键是行为人在于在签订、履行合同中的发挥具体作用的大小，要求行为人的履职行为与被骗的后果存在刑法上的因果关系。所以，具体协助合同签订、履行的一般工作人员，以及对合同签订的决策、执行等事项不发挥决定性和重要作用的人员不构成本罪。

关于犯罪客体。签订、履行合同被骗罪侵犯的是复杂客体，主要包括国有高校的管理秩序和国有资产所有权及合法的经济利益。

关于犯罪主观方面。签订、履行合同被骗罪行为人在主观方面表现为过失，既包括疏忽大意的过失，也包括过于自信的过失，即根据其职责和行为能力等因素，其在签订、履行相关合同过程中应当预见到国有财产可能被诈骗，致使国家利益遭受重大损失，但因为行为人疏忽大意没有预见，或者虽已预见但轻信能够避免损失。

关于犯罪客观方面。签订、履行合同被骗罪在客观方面主要表现为，高校直接负责相关业务的主管人员在签订、履行合同过程中，因严重不负责任被诈骗，致使国家利益遭受重大损失的行为。正确理解上述内容，需要把握以下几点：

一是在签订、履行合同中因严重不负责任而被诈骗。国有高校的财产均系国有资产，高校管理人员和具体经办相关事务人员对国有资产负有保值和规避损失风险的重要职责。上述人员在代表学校进行对外合作、大宗采购等过程中要强化风险意识，客观全面进行风险评估。要严格审查合同当事人的主体资格、资信状况、履约能力，以及对合同主要条款规定的权利与义务进行审核（有的要求交律师等专业人士进行合规性审查等），并在履行规定的报批（有的高校要求报教育、财政等主管部门批准）和集体研究决定的程序基础上，再签订合同。同时，在合同履行过程中，行为人要坚持审慎负责态度按照合同约定履行合同责任，防止履约风险。

“严重不负责任”，指行为人在签订、履行合同中责任心缺失、作风漂浮，明显违反法律法规和内部规定履职。主要有以下几种表现：一种是在相关合同签订过程中，敷衍塞责、盲目轻信，未按要求全面认真审查合同当事人的主体资格、信用资信、履约能力、业内口碑等因素。如本案例中荣某工作作风粗糙，在收受沈某礼品、接受其宴请后更是轻信沈某，未按要求实地查看、未多方核实沈某真实身份，也未将合同交由学校法律顾问审核等情况下，特别是在沈某以对公账户出现故障为由，要求将履约金转入不明身份的第三人账户时仍然不够警醒，签批将履约金转入导致被骗，显属“严重不负责任”。另一种是在合同履行过程中失职被骗。如高校管理人员在采购大宗商品时，不认真履行验收职责，导致供货方以次充好、以假乱真、短斤少两，未采取起诉、财产保全等补救措施，导致国有资产遭受重大损失。

“被诈骗”，指合同相对方在签订或履行合同中具有诈骗的主观故意，客观上实施了诈骗行为。根据最高人民法院刑事审判第二庭《关于签订、履行合同失职被骗犯罪是否以对方当事人的行为构成诈骗犯罪为要件的意见》精神，认定签订、履行合同失职被骗罪和国家机关工作人员签订、履行合同失职罪，应当以对方当事人涉嫌诈骗，行为构成犯罪为前提。但司法机关在办理或者审判行为人被指控犯有上述两罪的案件过程中，不以对方当事人已经被人民法院判决构成诈骗犯罪作为认定本案当事人构成签订、履行合同失职被骗罪或者国家机关工作人员签订、履行合同失职罪的前提。也就是说，司法机关在办理案件过程中，只要认定对方当事人的行为已涉嫌构成诈骗犯罪，即可依法认定行为人构成签订、履行合同失职被骗罪或者国家机关工作人员签订、行合同失职罪，而不需要搁置或者中止审理，直至对方当事人被人民法院审理并判决等，才构成诈骗犯罪。

二是致使国家利益遭受重大损失的后果。因行为人严重不负责，导致国家利益遭受重大损失的后果，两者存在刑法上的因果关系。实践中，两者因果关系如何判断，一般认为是必然的因果关系，即行为人严重不负责行为是导致重大损害的直接和最重要的原因，综合行为人主观动机、履职程序、具体职责、履职过程及是否尽到注意义务、是否存在重大过失等综合考量。根据相关司法解释，以下情形可视为国家利益遭受重大损失，应予立案追诉：造成国家直接经济损失数额在 50 万元以上的；造成有关单位破产，停业、停产 6 个月以上，或者被吊销许可证和营业执照、责令关闭、撤销、解散的；其他致使国家利益遭受重大损失的情形。

【需要注意的问题】

☞ 关于取证思路

以本案例为例，需要调取以下证据：一是荣某、沈某及相关知情人言词证据，证明荣某与沈某等人交往过程、签订合同情况，重点核实荣某的具体职责、签订合同的基本程序和规定要求、是否已尽到应尽的注意义务、对造成损失的态度、是否及时报案等。二是相关书证，包括证明荣某职责的干部任免审批表、负责合作办学的分工文件、关于合作办学的具体研究过程和应当履行的程序要求、追究沈某刑事责任的判决书等材料。

☞ 罪与非罪的把握

由于构成本罪须具有主观过失，如果行为人在主观上没有过失，而是由于不能预见的原因或者不可抗力造成危结果的，不构成本罪。构成本罪的行为方式只能是不作为，即严重不负责任。此外，如果行为人在合同订立和履行过程中尽职尽责、积极作为，即使造成了严重危害结果，也不构成犯罪。

☞ 与类似罪名的区别

本罪与国家机关工作人员签订、履行合同失职被骗罪的区别。国家机关工作人员签订、履行合同失职被骗罪，指国家机关工作人员在订、履行合同过程中，因严重不负责任被诈骗，致使国家利益遭受重大损失的行为。两罪有一定的相似之处，主要区别在于犯罪主体不同。签订、履行合同失职被骗罪的主体是国有公司企业、事业单位直接负责的主管人员；而国家机关工作人员签订、履行合同失职被罪的主体则是国家机关工作人员，主要包括国家权力机关、行政机关、监察机关、司法机关、军事机关工作的人员。

39
招收学生徇私舞弊罪

【典型案例】

张某，中共党员，A 省 H 学院招生办主任。该学院主管部门为 A 省教育厅。

吴某，中共党员，A 省教育厅高教处副处长，与张某工作联系较多、私交较好。

2022 年 2 月，H 学院即将启动研究生复试工作。吴某的外甥陈某报考该学院硕士研究生，但英语成绩略低于全国初试成绩基本要求。吴某利用职务上便利，授意张某竭尽所能给予帮助。张某考虑到吴某系主管单位对口部门领导，为与吴某处好关系，便答应给予帮助。根据当年全国硕士研究生招生工作管理规定，“专业科目成绩特别优异和科研创新方面具有突出表现的考生”可破格参加复试。张某与吴某多次商量，由张某出面协调硕士研究生导师等人员，张某、吴某指导陈某伪造学术科研创新突出表现的虚假材料。后学院以考生陈某符合上述破格条件为由，允许其破格参加学院第一志愿专业复试。实际上，该考生虽然专业科目成绩较好，但没有过硬的创新成果。在复试期间，吴某安排张某又向复试的教师评委打招呼，后陈某顺利获得研究生录取资格。此事被人举报上传网络，造成恶劣社会影响。经查，张某收受吴某所送的 6 万元现金。

【案例评析】

关于张某、吴某的行为如何定性，主要有以下两种意见：

第一种意见认为，吴某的行为构成犯罪、张某行为违反工作纪律。招收学生徇私舞弊罪犯罪主体是国家机关工作人员，吴某符合该罪犯罪主体要求，但张某系高校领导干部，不属于机关工作人员，且张某根据主管部门领导吴某授意违规操作，吴某责任更重。同时，鉴于张某已存在收受财物的行为，可认定为受贿，其打招呼行为可作为谋利事项，不再单独认定为犯罪。

第二种意见认为，张某、吴某的行为涉嫌招收学生徇私舞弊罪。虽然张某并非国家机关工作人员，但张某、吴某系共同犯罪，且张某发挥了沟通协调的重要作用。上述两人违背教育公平原则，违反《高等教育法》等相关规定，在研究生招生中滥用职权、徇私舞弊，为他人谋取竞争优势，导致陈某违规被录取，均构成招收学生徇私舞弊罪，构成应当依据《刑法》第四百一十八条规定处理。

我们同意第二种意见。

《刑法》第四百一十八条规定，招收学生徇私舞弊罪，是指国家机关工作人员在招收学生工作中徇私舞弊，情节严重的行为。招生涉及千万考生的切身利益。从查处的案件看，违规招生破坏招生工作的公平公正性，社会关注、影响恶劣。本案例中，张某与吴某出于各自动机沆瀣一气，违规帮助陈某获得研究生录取资格，涉嫌招收学生徇私舞弊罪。

对于高校教职工来说，招收学生徇私舞弊罪具体包括以下构成要件：

关于犯罪主体。招收学生徇私舞弊罪犯罪主体为国家机关工作人员，大多为负责和具体办理考试、录取等招生工作的人员。国家机关工作人员指在国家机关从事公务的人员，包括在国家权力机关、行政机关、司法机关、军事机关和各级监察机关从事公务的人员，以及人民政治协商会议各级机关中专职从事公务的人员。此外，《关于〈中华人民共和国刑法〉第九章渎职罪主体适用问题的解释》规定，在依照法律、法规规定行使国家行政管理职权的组织中从事公务的人员，或者在受国家机关委托代表国家机关行使职权的组织中从事公务的人员，或者虽未列入国家机关人员编制但在国家机关中从事公务的人员，在代表国家机关行使职权时，也视为国家机关工作人员。需要说明的是，前述人员虽然主要针对国家机关及其工作人员，但对共同犯罪来说，只要其中一人系国家工作人员身份或受国家机关委托从事招生工作，其他参与人员即便不是国家机关工作人员，也可构成本罪。本案例中，张某虽不是国家机关工作人员，根据其在招生行为的作用看，显然涉嫌共犯，故不影响其作为犯罪主体。

关于犯罪客体。招收学生徇私舞弊罪侵犯的客体是高校招生的正常秩序，侵害教育公平和广大考生的合法权益。

关于犯罪主观方面。招收学生徇私舞弊罪行为人在主观方面表现为故意，即知道或应当知道违规招生的行为破坏高校招生的正常秩序，导致不合格的学生取得录取资格，甚至造成重新考试、录取等其他严重后果，仍然希望或放纵上述结果的产生。

关于犯罪客观方面。一是徇私舞弊。违规招生行为必须具有徇私舞弊动机，即利用职权，弄虚作假，为亲友徇私情，包括为自己或他人谋取政治、经济等利益等，将不合格的人员冒充合格人员予以招收，或者将合格人员应当予以招收而不予招收。如本案例中张某出于讨好和收受财物的动机，与吴某一起谋划、操作违规招生行为，属于徇私舞弊行为。

二是达到“情节严重”才涉嫌犯罪，可判处三年以下有期徒刑或者拘役。最高人民检察院《关于渎职侵权犯罪案件立案标准的规定》规定，涉嫌下列情形之一的，应予立案：徇私舞弊，利用职务便利，伪造、变造人事、户口档案、考试成绩或者其他影响招收工作的有关资料，或者明知是伪造、变造的上述材料而予以认可的；徇私舞弊，利用职务便利，帮助 5 名以上考生作弊的；徇私舞弊招收不合格的学生 3 人次以上的；因徇私舞弊招收不合格的学生，导致被排挤的合格人员或者其近亲属自杀、自残造成重伤、死亡，或者精神失常的；因徇私舞弊招收学生，导致该项招收工作重新进行的；其他情节严重的情形，主要指造成恶劣的社会影响，引发舆情炒作、群众上访、巡视关注等。

【需要注意的问题】

☞ 关于取证思路

以本案例为例，需要调取以下证据：一是张某、吴某、陈某及参与复试的导师等相关知情人言词证据，证明张某与吴某等人关于违规安排陈某参加复试的动机、目的、谋划及实施、吴某收受财物等具体过程。注重核实陈某根据研究生招考简章、方案等要求原本不符合复试条件。二是相关书证、物证，重点调取吴某、张某身份及任职、分工等职责文件，以及陈某的初试、复试等成绩；《全国硕士研究生招生工作管理规定》、学院研究生招生简章、授意陈某伪造科研成果、造成恶劣社会影响等证据材料。

☞ 罪与非罪的把握

对于国家机关工作人员在招收学生工作中徇私舞弊，是否构成犯罪，关键在于是否具备严重情节。如果情节严重，应依法认定为构成招收学生徇私舞弊罪。而对于情节没有达到严重程度的，则不以招收学生徇私舞弊罪，可给予相应党纪和政务处分。需要说明的是，招收学生徇私舞弊过程中同时收受财物，构成受贿等犯罪，应当数罪并罚。

☞ 与类似罪名的区别

本罪与国有事业单位人员滥用职权罪的区别。两罪的区别主要表现在犯罪主体和犯罪客观方面。除共同犯罪外，本罪犯罪主体为国家机关工作人员；而国有事业单位人员滥用职权罪仅限于国有事业单位人员。犯罪客观方面看，本罪适用学生招收过程中，必须具有徇私舞弊动因；而国有事业单位人员滥用职权罪主要发生在高校后勤公司等管理过程中，要求造成国有公司、企业破产或者严重亏损，致使国家利益遭受重大损失的，徇私舞弊作为从重情节，但不作为构成要件。需要说明的是，本案例中，如张某未与吴某共同实施违规招生行为，由于张某并非国家机关工作人员，不构成招收学生徇私舞弊罪，则涉嫌国有事业单位人员滥用职权罪。

40

高校党员和工作人员身份界定及违纪违法行为处理

【典型案例】

赵某，中共党员，某学院校办企业党总支书记、总经理。经查，赵某在企业管理过程中，滥用职权、中饱私囊。群众反映，赵某长期以企业干部自居，纪法意识淡漠，长期疏于纪法知识学习。赵某在被立案后，坚持认为自己平时工作繁重，没有时间学习纪法知识，竟然以此为由，希望组织上从轻处理。2023 年 12 月，因违反组织纪律、廉洁纪律及插手、干预学校招生等问题，该学院纪委拟报请学院党委委员会审议，给予赵某撤销党内职务、政务撤职处分。审查调查组在界定身份时，发现赵某身份较为混乱，其档案中既有事业单位管理人员身份材料，同时也有国企管理人员身份材料。学院组织部经请示省教育厅组干处，认定赵某的身份为事业单位工勤编制。

【案例评析】

关于赵某的具体身份以及违法行为适用的具体法律，主要有以下三种意见：

第一种意见认为，赵某系学院注册的国企管理人员，但与一般的公职人员有所区别，可依据《政务处分法》第二十三条（由所在单位直接给予降低薪酬待遇、调离岗位、解除人事关系或者劳动关系等处理）给予相应处理措施。

第二种意见认为，赵某系事业单位工作人员中的公职人员，根据违法行为的具体表现，依据《政务处分法》相对应的组织要求（第三十二条等）、廉洁要求（第三十三条）等规定，由学院作出处分。

第三种意见认为，赵某系事业单位工勤人员身份，由于其涉嫌职务违法，学院纪委、监察专员办公室对可其违纪和职务违法行为立案调查。查实相关结果后，鉴于赵某的实际身份并非公职人员，可建议学院党委依据《事业单位工作人员处分规定》予以处分。

我们同意第三种意见。

对于高校员工而言，不同的身份可能涉及不同的处理依据，甚至影响行为的具体定性和处理。由于党员职工身份认定政策性、专业性较强，纪检监察机关要结合档案、任职文件、入编等材料判断相关人员的实际身份。纪检监察机关在没有充分的事实和政策依据情况下，由于身份界定属于组织人事部门重要职责，不宜否定组织部门的身份认定。“工勤人员”是指“工人”和“勤杂人员”的通称，也可以特指具有工人身份的工作人员，以前其与企业的工人是相同的，因为不是在企业所以不直接称为“工人”而称为“工勤”，其与具有“干部”身份的工作人员是相对应的一种身份。工勤人员是特定历史背景形成的机关和事业单位工作人员，主要从事后勤、技术保障等工作。本案例中，组织部门经核查档案后，认定赵某的实际身份是工勤人员，应当适用《事业单位工作人员处分规定》等规定，按照事业单位工勤身份追究赵某的违法责任。

实践中，对高校教职工具体身份的准确把握应注意以下几点：

身份决定职责。由于历史遗留、高校体制改制、档案管理等因素，高校员工存在多种身份，主要有以下几种：

一是党员教职工，即具备党员身份的教师和其他职工。

二是公职人员。主要有学校领导班子成员、中层干部(如二级学院班子成员、系主任；学校办公室、教务处、党群部门等负责人)；从事学校教育管理工作、具有管理岗身份的工作人员；学校党委任免的具有国企员工身份的管理人员，如学校依据《中华人民共和国公司法》成立的科研公司、后勤公司。需要注意的是，对一些人员既担任行政职务，在管理岗位上工作，同时又具有专业技术职称，属于“双肩挑”。如大学副校长一般系四级管理岗位(对应副厅级领导职务)，同时系教授可对应专业技术三级岗。

三是专业技术人员。主要指教授、副教授、讲师等专业技术人员。

四是工勤人员。因改制、安置、编制管理衔接等历史因素，高校还存在工人身份的工作人员，这些人大多在后勤等岗位。个别高校还存在“以工代干”情形，即这些工人被任命被行政管理职务，如科长等。

五是合同制人员。高校各项工作任务繁重，受编制所限，不少岗位以劳动合同形式聘任职工，主要系后勤集团人员。此类人员中又分为两类：学校成立的科研公司、后勤集团等实行公司化公司的职工（不包括学校党委或组织部门等部门任免的公职人员)，属于国企普通职工；行政管理岗中的临时聘用合同工。

此外，随着高校人事管理体制不断深化，高校教师管理出现不少新方式。比如，有的高校实行“编制周转池”，即在事业编制总量内调剂一定数量编制，供事业单位周转适用，人编捆绑、人收编收；有的实行报备员额制，与编制内同工同酬，在合同存续期间，员额制教师享受事业编制待遇，但是否续聘要根据合同期限内考核再做决定；有的实行人事代理制度，与教师签订劳动合同。

【需要注意的问题】

☞ 准确把握违纪违法行为的处理依据、定性和程序

身份影响处理依据。本案例中出现赵某存在多种身份的情况，在实践中并不少见。需在确定具体身份的基础上，找准处理依据。

1. 关于处理依据。对高校职工来说，不同的身份意味着不同的职责，对违纪违法行为的种类和性质也会产生影响。对党员来说，依据《纪律处分条例》定性处理，给予党纪处分。对公职人员来说，依据《政务处分法》给予政务处分（由同级监委派驻学校监察组或监察专员

办公室作出)、处分（由学校党委作出)。对党员和公职人员来说，拟给予重处分的，可给予党纪政务双重处分。对非党员和非公职人员的教师等事业单位工作人员（包括如本案例中赵某，纳入编制管理的工勤人员）来说，依据《事业单位人事管理条例》《事业单位工作人员处分规定》给予处分。对编外聘用人员，依据《中华人民共和国劳动合同法》等规定给予处理。

综上，给予上述人员政务处分或处分的法律依据，一般可根据教职工签订合同的具体性质、是否纳入编制内管理予以判断。对签订编制内聘用合同的员工，一般适用《政务处分法》（公职人员）和《事业单位工作人员处分规定》（非公职人员）等予以处理。对签订劳动合同的非公职人员，由所在高校依据《中华人民共和国劳动合同法》予以处理。

2. 关于行为违规点的确定。高校教职工的相关行为是否认定为违规，除对照党纪国法关于违纪违法行为一般性规定外，不少行为违规点的确定需适用中组部、教育部等主管部门相关规定。如本案例中，赵某插手和干部招生行为违反工作纪律，需依据《普通高等学校招生违规行为处理暂行办法》第二章违规行为认定及处理。

3. 关于处理的程序和结果。根据违纪违法教职工具体身份，依据不同的规定，履行不同的程序处理：

一是党员。依据《中国共产党纪律检查机关监督执纪工作规则》规定的程序作出党纪处分决定。由于大多数高校的纪检监察机构暂未被赋予职务犯罪调查权，故涉嫌职务犯罪案件大多通过指定管辖和协商管辖的方式，由地方纪委监委审查调查，或者采用“室组地”方式联合审查调查。本案例中，如赵某涉嫌犯罪，学院可通过省纪委监委对口联系的监督检查部门将案件指定市纪委监委审查调查，也可由学院纪委与相关市纪监委联合审查调查。

需要说明的是，由于高校大多系副厅级及以上规格事业单位，高校党委可依据《中国共产党处分违纪党员批准权限和程序规定》相关规定，可直接决定给予违纪党员党纪处分，并可以批准给予违纪党员开除党籍处分。对担任地方党委委员、候补委员的高校违纪党员，仍按党章第四十二条规定履行报批程序。此外，根据相关规定，中管高校党委管理的中层正职党纪政务处分，还需移送中管高校所在地省级纪委监委案件审理室审理。此外，为强化监督，不少省级纪委监委驻教育主管部门纪检监察组将地方高校党委查处的中层干部纳入备案范围。

二是公职人员。依据《监察法》《监察机关监督执法工作规定》规定的程序作出处分决定。其中，既可以由派驻高校纪检监察组、监察专员办公室作出政务处分，也可以由高校党委研究后以学校名义作出处分。

三是教师。依据《教师法》《事业单位工作人员处分规定》《教育部关于高校教师师德失范行为处理的指导意见》等规定作出处理决定。其中，《教育部关于高校教师师德失范行为处理的指导意见》规定了师德失范行为的调查和认定程序，并明确了种类繁多的惩戒方式，体现了教师管理自身特色。如规定对教师师德失范行为实行“一票否决”。

高校教师出现违反师德行为的，根据情节轻重，给予相应处理或处分。情节较轻的，给予批评教育、诫勉谈话、责令检查、通报批评，以及取消其在评奖评优、职务晋升、职称评定、岗位聘用、工资晋级、干部选任、申报人才计划、申报科研项目等方面的资格。担任研究生导师的，还应采取限制招生名额、停止招生资格直至取消导师资格的处理。以上取消相关资格处理的执行期限不得少于24个月。情节较重应当给予处分的，还应根据《事业单位工作人员处分规定》给予处分，包括警告、记过、降低岗位等级或撤职、开除，需要解除聘用合同的，按照《事业单位人事管理条例》相关规定进行处理。情节严重、影响恶劣的，应当依据《教师资格条例》报请主管教育部门撤销其教师资格。系中共党员的，可同时给予党纪处分。涉嫌违法犯罪的，及时移送司法机关依法处理。

需要说明的是，对上述教师中非公职人员（非管理岗人员）在履行公职过程中违纪违法，由于其并非公职人员，不宜由监察机关作出政务处分，而应由学校党委研究后以学校名义作出处理决定。对“双肩挑”教职工，依据《事业单位工作人员处分规定》第六条第二款规定，对同时在管理和专业技术两类岗位任职的事业单位工作人员发生违规违纪违法行为的，给予降低岗位等级处分时，应当同时降低两类岗位的等级，并根据违规违纪违法的情形与岗位性质的关联度确定降低岗位类别的主次。此外，如本案例中，赵某作为编制内的工勤人员，学院党委、纪委可依据《事业单位工作人员处分规定》予以处理。

四是编外管理、非公职人员的合同制管理教职工以及民办高校教职工，依据《中华人民共和国劳动合同法》相关规定处理，行为人不服处理决定的，可依法向人民法院提起民事诉讼。

41
高校“双肩挑”人员处理档次匹配衔接

【典型案例】

钟某，中共党员，A 省 H 工业大学党委常委、副校长，事业单位五级管理岗，三级教授。经查，2024 年 1 月，钟某因涉嫌严重违纪和职务违法，A 省纪委监委拟报请 A 省委批准，给予钟某撤销党内职务和政务撤职处分。

【案例评析】

关于钟某给予撤销党内职务和政务撤职后，能否降低其教授专业技术等级，主要有以下两种意见：

第一种意见认为，可以不降低钟某的三级教授专业技术等级。钟某系“双肩挑”人员，其违纪违法行为主要基于其党员身份和管理岗位等级，而三级教授作为专业技术等级，主要依赖于钟某的教学科研水平获得，与其违纪违法行为无关，不宜降低。

第二种意见认为，应同时降低钟某的三级教授等级。依据《政务处分法》第二十条规定（被撤职的，降低职务、岗位或者职员等级，同时降低薪酬待遇），专业技术等级与钟某工资直接挂钩，为体现惩戒性，必须同时降低其专业技术等级。

我们同意第二种意见。

高校“双肩挑”人员党纪政务处分后，是否需要降低专业技术等级问题，在实践中认识上有分歧、执行中不一致。对受处分的惩戒既要体现在职务级别上，也要体现在经济待遇上。有的片面强调“双肩挑”，故意规避党纪政务处分“轻轻重重”要求，对撤职处分的，故意只降低受处分人的岗位等级，不降低专业技术等级。由于“双肩挑”人员按照专业技术等级确定工资待遇，此类变通操作，导致受处分人工资待遇没有变化。所以，《事业单位工作人员处分规定》第六条第二款规定，对同时在管理和专业技术两类岗位任职的事业单位工作人员发生违规违纪违法行为的，给予降低岗位等级处分时，应当同时降低两类岗位的等级，并根据违规违纪违法的情形与岗位性质的关联度确定降低岗位类别的主次。《政务处分法》第二十条明确规定，公办的教育单位中从事管理的人员被撤职的，降低职务、岗位或者职员等级，同时降低薪酬待遇。本案例中，钟某在受到撤销党内职务和政务撤职处分后，如仍享受三级教授工资，则处分效果打折扣，必须严格执行管理岗和专业技术岗同时降低的要求。

具体而言，“轻轻重重”原则，即党纪轻处分匹配政务轻处分，党纪重处分匹配政务重处分，是党纪政务处分匹配重要原则。主要来源于《纪律处分条例》第十一条、第十二条规定，即应当受到撤销党内职务、留党察看处分的受处分人，在党外组织担任职务的，应当建议党外组织撤销其党外职务。此外，《政务处分法》第二十条也规定，被撤职的，降低职务、岗位或者职员等级，同时降低薪酬待遇。具体到“双肩挑”干部，通常涉及三个不同的身份。以本案例中钟某为例，有党委常委（党内职务）、副校长（四级管理岗）、三级教授（专业技术等级），如何匹配衔接，具体可从以下三个方面把握：

一是党纪政务轻处分不必然导致专业技术等级变化。如给予钟某党内警告、党内严重警告，政务警告、记过、记大过、降级等轻处分，在一般情形下，对钟某的三级教授不产生影响。

二是党纪政务重处分后必须降低专业技术等级。如前所述，对重处分而言，其惩戒性要体现在政治、经济、名誉等方面，不能出现“处理从重、待遇从轻”现象。《事业单位工作人员处分规定》第六条第二款规定，对同时在管理和专业技术两类岗位任职的事业单位工作人员发生违规违纪违法行为的，给予降低岗位等级处分时，应当同时降低两类岗位的等级。上述规定符合“轻轻重重”原则，因此钟某的三级教授必须降为四级教授。

【需要注意的问题】

☞“蓄意变通”行为的处置

对“双肩挑”重处分而言，实践中存在企图规避“应当同时降低两类岗位的等级”规定的“蓄意变通”行为。一是立案后免去行为人的管理岗，党纪重处分后以无管理岗职务为由，不再给予政务撤职和降低专业技术等级。本案例中，如A省委在审查调查中免去钟某副校长职务，有的认为可不再给予钟某政务撤职和降低专业技术等级处分。《政务处分法》第十八条规定，担任领导职务的公职人员有违法行为，被罢免、撤销、免去或者辞去领导职务的，监察机关可以同时给予政务处分。因此，依据上述规定，A省监委仍可给予钟某政务撤职处分，并相应降低其专业技术等级。二是擅自交流被审查调查人岗位，由公职人员变更为非公职人员，以规避本应给予的政务处分。此类情形主要发生在高校“双肩挑”干部犯危险驾驶罪后，面临可能被给予开除公职处分。一些人通过私下运作或者利用高校党委不掌握涉嫌犯罪信息提出交流申请，有的被免去管理岗位，有的申请提前退休获批，其从公职人员身份变更为普通教师或退休干部等非公职人员，依据《政务处分法》规定无法给予政务处分。对此类现象，应追究违规办理人员的责任，并纠正岗位交流等决定，不影响应当作出的降低或取消专业技术等级、撤职、开除公职等处分。确因政策、效果等无法纠正的，如当事人已退休的，根据现行养老政策难以纠正或恢复在职状态的，依据《政务处分法》第二十七条规定，可按规定降低或取消其享受的退休待遇。

☞ 关于降级处分的概念及适用

降级处分是不影响受处分人职务层次的轻处分。具体而言，降级处分是指降低被处分人一个工资级别处分措施，对公务员而言，级别工资主要体现公务员的工作实绩和资历。每一职务层次对应若干个级别。公务员根据所任职务、德才表现、工作实绩和资历确定级别和级别工资档次，执行相应的级别工资标准。公务员晋升职务后，执行新任职务的职务工资标准，并按规定晋升级别和增加级别工资。公务员年度考核称职及以上的，一般每五年可在所任职务对应的级别内晋升一个级别。可见，每一职务层次对应若干个级别，降低工资级别，并不意味着降低职务层次，如科长受到降级处分，被降低级别工资后，仍系正科级待遇。

图书在版编目（CIP）数据

高校系统违纪违法行为认定与处理/许展，樊军龙编写．—北京：中国方正出版社，2024.1

ISBN 978-7-5174-1290-8

Ⅰ.①高…　Ⅱ.①许…　②樊…　Ⅲ.①高等学校—教育工作者—职务犯罪—案例—中国　Ⅳ.①D924.305

中国国家版本馆 CIP 数据核字（2024）第 009332 号

高校系统违纪违法行为认定与处理

GAOXIAO XITONG WEIJI WEIFA XINGWEI RENDING YU CHULI

许　展　樊军龙　**编写**

责任编辑：曹宇霖
责任校对：周志娟
责任印制：李惠君

出版发行：中国方正出版社
（北京市西城区广安门南街甲 2 号　邮编：100053）
编辑部：（010）59594613　出版部：（010）59594625
发行部：（010）66560936　门市部：（010）66562733
邮购部：（010）66560645
网址：www.lianzheng.com.cn
经　　销：新华书店
印　　刷：保定市中画美凯印刷有限公司

开　　本：880 毫米×1230 毫米　1/32
印　　张：10.75
字　　数：189 千字
版　　次：2024 年 3 月第 1 版　2025 年 3 月北京第 5 次印刷

ISBN 978-7-5174-1290-8　定价：32.00 元